RUDOLF STEINER

SOZIALE UND ANTISOZIALE TRIEBE
IM MENSCHEN

RUDOLF STEINER

Soziale
und antisoziale Triebe
im Menschen

Zwei Vorträge, gehalten in Dornach und Bern
am 6. und 12. Dezember 1918

1988

RUDOLF STEINER VERLAG
DORNACH/SCHWEIZ

Nach vom Vortragenden nicht durchgesehenen Nachschriften
herausgegeben von der Rudolf Steiner-Nachlaßverwaltung

Die Herausgabe besorgte Robert Friedenthal

EINZELAUSGABE

1. Auflage Dornach 1942

2. Auflage Dornach 1981

3. Auflage Dornach 1988
erweitert um den Vortrag Dornach, 6. Dezember 1918

Sonderdruck aus Bibliographie-Nr. 186
«Die sozialen Grundforderungen unserer Zeit.
In geänderter Zeitlage»
Rudolf Steiner Gesamtausgabe, Dornach 1979

Zu den Veröffentlichungen
aus dem Vortragswerk von Rudolf Steiner

Die Grundlage der anthroposophisch orientierten Geisteswissenschaft
bilden die von Rudolf Steiner (1861–1925) geschriebenen und veröffentlichten Werke. Daneben hielt er in den Jahren 1900 bis 1924 zahlreiche
Vorträge und Kurse, sowohl öffentlich wie auch für die Mitglieder der
Theosophischen, später Anthroposophischen Gesellschaft. Er selbst
wollte ursprünglich, daß seine durchwegs frei gehaltenen Vorträge nicht
schriftlich festgehalten würden, da sie als «mündliche, nicht zum Druck
bestimmte Mitteilungen» gedacht waren. Nachdem aber zunehmend un-
vollständige und fehlerhafte Hörernachschriften angefertigt und verbreitet wurden, sah er sich veranlaßt, das Nachschreiben zu regeln. Mit dieser
Aufgabe betraute er Marie Steiner-von Sivers. Ihr oblag die Bestimmung
der Stenographierenden, die Verwaltung der Nachschriften und die für
die Herausgabe notwendige Durchsicht der Texte. Da Rudolf Steiner aus
Zeitmangel nur in ganz wenigen Fällen die Nachschrift selbst korrigieren
konnte, muß gegenüber allen Vortragsveröffentlichungen sein Vorbehalt
berücksichtigt werden: «Es wird eben nur hingenommen werden müssen, daß in den von mir nicht nachgesehenen Vorlagen sich Fehlerhaftes
findet.»
    Über das Verhältnis der Mitgliedervorträge, welche zunächst nur als
interne Manuskriptdrucke zugänglich waren, zu seinen öffentlichen
Schriften äußert sich Rudolf Steiner in seiner Selbstbiographie «Mein Lebensgang» (35. Kapitel). Der entsprechende Wortlaut ist am Schluß dieser Ausgabe wiedergegeben. Das dort Gesagte gilt gleichermaßen auch
für die Kurse zu einzelnen Fachgebieten, welche sich an einen begrenz-
ten, mit den Grundlagen der Geisteswissenschaft vertrauten Teilnehmer-
kreis richteten.
    Nach dem Tode von Marie Steiner (1867–1948) wurde gemäß ihren
Richtlinien mit der Herausgabe einer Rudolf Steiner Gesamtausgabe begonnen. Die vorliegende Einzelausgabe ist dem auf Seite 4 genannten
Band der Gesamtausgabe entnommen.

111

INHALT

I

Dornach, 6. Dezember 1918

Letzthin habe ich ausdrücklich betont, daß – wenn wir das Wort wiederum so nehmen, wie ich es damals angeführt habe – ein Paradieseszustand auf dem physischen Plane unmöglich ist, daß daher alle sogenannten Lösungen der sozialen Frage, welche mehr oder weniger bewußt oder unbewußt einen solchen Paradieseszustand auf dem physischen Plan herbeiführen wollen, der noch dazu ein dauernder sein soll – daß alle solche sogenannten Lösungen der sozialen Frage auf Illusionen beruhen müssen. In dem Lichte, das durch diese Angabe gegeben ist, bitte ich Sie, überhaupt alle Ausführungen, die ich mit Bezug auf Zeiterscheinungen der Gegenwart mache, aufzunehmen. Denn zweifellos liegt in der gegenwärtigen Wirklichkeit eine bestimmte Forderung, die man die Forderung nach einer sozialen Gestaltung der Menschheitsverhältnisse nennen kann. Es handelt sich nur darum, daß man diese Frage nicht verabstrahiert, daß man diese Frage nicht im absoluten Sinne nimmt, sondern – wie ich das letztemal schon sagte – daß man aus geisteswissenschaftlichen Erkenntnissen heraus sich Einsicht verschafft in dasjenige, was gerade unserer Zeit notwendig ist. Über das, was aus geisteswissenschaftlichen Voraussetzungen gerade unserer Zeit notwendig ist, wollen wir nun noch einiges besprechen.

Was gewöhnlich heute eigentlich im weitesten Umfange übersehen wird, wenn von sozialer Frage oder sozialen Forderungen gesprochen wird, das ist, daß gemäß den Anforderungen unserer Zeit die soziale Frage ohne eine intimere Kenntnis des menschlichen Wesens überhaupt nicht angefaßt werden kann. Man kann ausdenken, welche sozialen Programme man will, man kann noch so ideale soziale Zustände herbeiführen wollen, alles das muß fruchtlos bleiben, wenn es nicht darauf ausgeht, den Menschen als solchen zu erfassen, wenn es nicht auf die intimere Erkenntnis des Menschen hinausläuft. Ich habe darauf aufmerksam gemacht, daß die soziale Gliederung, von der ich gesprochen habe, diese soziale Dreigliederung, die ich im eminentesten

Sinne als eine Forderung unserer Zeit hinstellen mußte, gerade deshalb für die heutige Zeit gilt, weil sie auf die Erkenntnis des Menschen in jeder Einzelheit Rücksicht nimmt, auf eine Erkenntnis des Menschen, wie er jetzt im gegebenen Zeitpunkt der fünften nachatlantischen Zeit ist. Auch von diesem Gesichtspunkte aus bitte ich Sie, alle Auseinandersetzungen, die ich machen werde, zu betrachten.

Vor allen Dingen kommt in Frage, daß eine von den heutigen Verhältnissen geforderte soziale Ordnung nicht herzustellen ist, ohne daß man sich bewußt wird: Diese soziale Ordnung ist damit verknüpft, daß der Mensch selbst sich erkennt in seiner Beziehung zum Sozialen. Man kann sagen: Von allen Erkenntnissen ist doch Menschenerkenntnis ziemlich die schwerste, daher ja auch in den alten Mysterien das «Erkenne dich selbst» als das höchste Ziel des Weisheitsstrebens hingestellt worden ist. Was dem Menschen heute ganz besonders schwierig wird, ist die Einsicht in das, was in ihm alles aus dem Kosmos herein in Wirksamkeit ist, was in ihm alles wirkt. Der Mensch möchte sich selbst am liebsten so einfach als möglich vorstellen, weil er gerade heute in seinem Denken, in seinen Vorstellungen besonders bequem geworden ist. Aber der Mensch ist eben nicht ein einfaches Wesen. Gegen diese Wirklichkeit läßt sich eben nicht durch Willkür in Vorstellungen irgend etwas machen. Der Mensch ist vor allen Dingen auch in sozialer Beziehung kein einfaches Wesen. Er ist gerade in sozialer Beziehung ein Wesen, das er unendlich gern nicht sein möchte; er möchte unendlich gern anders sein, als er ist. Man kann sagen: Der Mensch hat sich ja eigentlich ungeheuer gerne. Das ist schon einmal nicht in Abrede zu stellen: Der Mensch hat sich selbst ungeheuer gerne. Und durch die Selbstliebe ist es, daß der Mensch Selbsterkenntnis zu einer Quelle von Illusionen macht. So möchte sich der Mensch nicht gestehen, daß er eigentlich nur zur Hälfte ein soziales Wesen ist, daß er zur anderen Hälfte ein antisoziales Wesen ist.

Dies sich trocken und energisch zu gestehen, daß der Mensch gleichzeitig ein soziales und ein antisoziales Wesen ist, das ist eine Grundforderung der sozialen Menschenerkenntnis. Man kann gut sagen: Ich strebe an, ein soziales Wesen zu werden; – man muß es auch sagen, weil, ohne daß man ein soziales Wesen ist, man überhaupt nicht mit

Menschen richtig leben kann. Aber zugleich liegt es in der menschlichen Natur, fortwährend gegen das Soziale anzukämpfen, fortwährend ein antisoziales Wesen zu sein.

Wir haben den Menschen wiederholt für die verschiedensten Gesichtspunkte nach der Dreigliedrigkeit seiner Seele, nach Denken oder Vorstellen, Fühlen und Wollen betrachtet. Wir können einmal heute den Menschen in sozialer Beziehung wiederum nach Denken oder Vorstellen, Fühlen und Wollen betrachten. Vor allen Dingen muß man sich mit Bezug auf das Vorstellen, das Denken klar sein, daß in diesem Vorstellen, in diesem Denken ein unendlich bedeutungsvoller Quell des Antisozialen des Menschen liegt. Indem der Mensch einfach ein denkendes Wesen ist, ist er ein antisoziales Wesen. Hier kann nur Geisteswissenschaft zur Wahrheit kommen über die Dinge. Denn nur Geisteswissenschaft kann einiges Licht verbreiten über die Frage: Wie stehen wir dann überhaupt als Menschen in Beziehung zu anderen Menschen? Wann ist denn gewissermaßen das rechte Verhältnis von Mensch zu Mensch für das gewöhnliche, alltägliche Bewußtsein, besser gesagt, für das gewöhnliche, alltägliche Leben hergestellt? Ja, sehen Sie, wenn dieses richtige Verhältnis hergestellt ist zwischen Mensch und Mensch, dann ist auch zweifellos die soziale Ordnung da. Aber nun liegt – man mag ja sagen: unglückseligerweise, aber der Erkennende sagt: notwendigerweise – die eigentümliche Tatsache vor, daß wir ein regelrechtes Verhältnis von Mensch zu Mensch nur im Schlafe entwickeln. Nur wenn wir schlafen, stellen wir ein ungeschminktes, richtiges Verhältnis von Mensch zu Mensch her. In dem Augenblicke, wo Sie das gewöhnliche Tagesbewußtsein abgelähmt haben, wo Sie in dem Zustande zwischen Einschlafen und Aufwachen im traumlosen Schlafe sind, da sind Sie – jetzt rede ich mit Bezug auf das Vorstellen, mit Bezug auf das Denken – ein soziales Wesen. In dem Augenblicke, wo Sie aufwachen, beginnen Sie durch das Vorstellen, durch das Denken antisoziale Impulse zu entwickeln. Man muß sich nur denken, wie kompliziert dadurch die menschlichen Gesellschaftsverhältnisse werden, daß eigentlich der Mensch nur im Schlafe zu dem andern Menschen sich richtig verhält. Ich habe das von anderen Gesichtspunkten aus verschiedentlich angedeutet. Ich habe zum Beispiel angedeutet, daß man gut chauvinistisch national sein kann im Wachen – wenn man im Schlafe ist, wird man gerade unter diejenigen Menschen versetzt, ist man mit denen zusammen, namentlich mit ihrem Volksgeist, die man im Wachen am allermeisten haßt. Dagegen läßt sich schon nichts machen. Der Schlaf ist ein sozialer Ausgleicher. Aber da die moderne Wissenschaft über den Schlaf überhaupt nichts wissen will, so wird sie in ihre sozialen Betrachtungen ja noch lange nicht einbeziehen, was ich eben jetzt gesagt habe.

Aber durch das Denken sind wir im wachen Zustande noch in eine andere antisoziale Strömung hineinversetzt. Nehmen Sie an, Sie stehen einem Menschen gegenüber. Man steht ja nur allen Menschen dadurch gegenüber, daß man dem einzelnen gegenübersteht. Sie sind ein denkender Mensch, natürlich, sonst wären Sie kein Mensch, wenn Sie nicht ein denkender Mensch wären. Ich rede jetzt nur vom Denken; vom Fühlen und Wollen werden wir nachher sprechen – vom Fühlen- und Wollen-Standpunkte aus kann man etwas einwenden, aber vom Vorstellungsstandpunkte aus ist das richtig, was ich jetzt sage. Indem Sie als ein vorstellender, denkender Mensch einem andern gegenüberstehen, liegt das Eigentümliche vor, daß einfach durch das gegenseitige Verhältnis, das sich zwischen Mensch und Mensch bildet, in Ihrem Unterbewußtsein das Bestreben vorhanden ist, durch den andern Menschen eingeschläfert zu werden. Sie werden geradezu durch den andern Menschen in Ihrem Unterbewußtsein eingeschläfert. Sehen Sie, das ist das normale Verhältnis von Mensch zu Mensch, daß, wenn wir miteinander zusammenkommen, der eine immer – das Verhältnis ist natürlich gegenseitig – bestrebt ist, das Unterbewußtsein des anderen einzuschläfern. Und was müssen Sie daher als denkender Mensch tun? Das Ganze, was ich jetzt erzähle, geht selbstverständlich im Unterbewußtsein vor sich, aber deshalb geht es nicht minder wirklich vor sich. Es ist eine Tatsache, wenn es auch nicht ins gewöhnliche Bewußtsein heraufkommt. Wenn Sie also einem Menschen gegenübertreten, schläfert er Sie ein, das heißt, Ihr Denken schläfert er ein, nicht Ihr Fühlen und Wollen. Jetzt müssen Sie, wenn Sie ein denkender Mensch bleiben wollen, sich innerlich dagegen wehren. Sie müssen Ihr Denken aktivieren. Sie müssen zur Abwehr übergehen gegen das Einschlafen.

12

Das Einem-andern-Menschen-Gegenüberstehen bedeutet immer: sich erwachen machen, sich aufwecken, sich losmachen von dem, was er mit einem will.

Sehen Sie, solche Dinge gehen im Leben vor, und man begreift das Leben nur, wenn man es geisteswissenschaftlich betrachtet. Sprechen Sie mit einem Menschen, ja, seien Sie nur mit einem Menschen zusammen, so bedeutet das, daß Sie sich fortwährend wach erhalten müssen gegen sein Bestreben, Sie einzuschläfern in bezug auf Ihr Denken. Das kommt zwar nicht in das gewöhnliche Bewußtsein herauf, wirkt aber im Menschen als antisozialer Impuls. Gewissermaßen tritt uns jeder Mensch als ein Feind unseres Vorstellens, als ein Feind unseres Denkens entgegen. Wir müssen unser Denken schützen gegen den anderen. Das bedingt, daß wir in bezug auf das Vorstellen, auf das Denken im hohen Grade antisoziale Wesen sind und uns zu sozialen Wesen überhaupt nur erziehen können. Würden wir nicht durch Erziehung, durch Selbstzucht, durch die Notwendigkeit, in der wir leben, dieses fortwährende Abwehren des anderen Menschen treiben müssen, dann könnten wir durch unser Denken soziale Wesen sein. Aber weil wir es treiben müssen, müssen wir vor allen Dingen uns klar sein, daß wir soziale Wesen erst werden können, durch Selbstzucht werden können, daß wir es aber als denkende Menschen von Natur aus zunächst nicht sind.

Daraus ersehen Sie aber auch, daß ohne Eingehen auf das Seelische, auf die Tatsache, daß der Mensch ein denkendes Wesen ist, sich überhaupt über die soziale Frage nichts sagen läßt, denn die soziale Frage greift in große Intimitäten des Menschenlebens ein. Und wer nicht berücksichtigt, daß der Mensch, indem er denkt, einfach antisoziale Impulse entwickelt, der kommt zu keiner Aufklärung über die soziale Frage. Im Schlaf haben wir es eben leicht. Da sind wir ohnedies eingeschläfert. Da also kann sich die Brücke zu allen Menschen hinüberbauen. Im Wachen strebt der andere Mensch, indem er sich uns gegenüberstellt, uns einzuschläfern, damit die Brücke zu ihm gebaut werden kann – und ebenso wir ihm gegenüber. Aber wir müssen uns dagegen wehren, denn sonst würden wir einfach in unserem Verkehr mit Menschen um unser denkendes Bewußtsein gebracht.

Es ist also nicht so leicht, einfach soziale Forderungen aufzustellen; denn die meisten Menschen, die soziale Forderungen aufstellen, werden sich dessen gar nicht bewußt, wie tief der Antisozialismus in der Menschennatur verankert ist. Und vor allen Dingen ist der Mensch nicht geneigt, sich so etwas als Selbsterkenntnis zu sagen. Es könnte ihm ja leicht werden, wenn er sich einfach gestehen würde, daß er nicht allein ein antisoziales Wesen ist, sondern daß er das mit allen anderen Menschen gemeinschaftlich hat. Aber so ein bißchen im geheimen hat doch jeder Mensch, selbst wenn er zugibt, daß im allgemeinen der Mensch ein antisoziales Wesen als Denker ist, für sich das Reservaturteil: Aber ich bin eine Ausnahme. Wenn er sich auch das nicht voll gesteht, aber im geheimen dämmert immer im Bewußtsein so ein bißchen das: Ich bin die Ausnahme, die andern sind solche antisozialen Wesen als Denker. Das wird ja den Menschen ganz besonders schwierig, im Ernste das zu nehmen, daß man als Mensch nicht etwas sein kann, sondern fortwährend etwas werden muß. Das ist aber etwas, was mit den Dingen, die man in unserer Zeit lernen kann, ganz besonders gründlich zusammenhängt.

Heute ist es ja möglich, was man vor fünf bis sechs Jahren noch gar nicht hat tun wollen, darauf hinzuweisen, daß gewisse Schäden und Mängel der Menschennatur über die ganze Erde hin gehen, denn sie haben sich zu sehr bloßgestellt, diese Schäden und Mängel. Die Menschen suchen sich hinwegzutäuschen über diese Notwendigkeit, etwas zu werden. Sie versuchen vor allen Dingen auf das nicht hinzuweisen, was sie werden wollen, sondern auf das, was sie sind. So wird man jetzt finden, daß sich eine große Anzahl der Mitglieder der Entente und Amerikas in dem denken, was sie sind, was sie einfach dadurch sind, daß sie Ententemitglieder oder Amerikaner sind. Sie brauchen nichts zu werden, sie brauchen nur darauf hinzuweisen, wie sie sich unterscheiden von den bösen Menschen der mitteleuropäischen Länder, wie diese schwarz sind, während sie allein weiß sind. Das ist etwas, was über weite Strecken der Erde eine Menschenillusion verbreitet hat, die sich natürlich mit der Zeit furchtbar rächen wird. Dieses etwas Sein-Wollen und nicht Werden-Wollen, das ist etwas, was man als Gegnerschaft gegen die Geisteswissenschaft im Hintergrunde hat.

14

Denn Geisteswissenschaft kann nicht anders, als den Menschen darauf verweisen, daß man fortwährend etwas werden muß, daß man nicht irgend etwas durch dies oder jenes fertig sein kann. Der Mensch täuscht sich in furchtbarster Weise über sich selbst, wenn er glaubt, auf etwas Absolutes hinweisen zu können, was bei ihm irgendeine besondere Vollkommenheit bedingt. Alles, was nicht im Werden ist, bedingt beim Menschen eine Unvollkommenheit und nicht eine Vollkommenheit. Und das, was ich Ihnen gesagt habe in bezug auf den Menschen als Denker und die dadurch erzeugten antisozialen Impulse, das hat noch eine andere wichtige Seite.

Sehen Sie, der Mensch schwebt gewissermaßen zwischen Sozialem und Antisozialem so, wie er zwischen Wachen und Schlafen schwebt – man könnte auch sagen: das Schlafen ist sozial, das Wachen ist antisozial –, und wie er zu einem gesunden Leben zwischen Wachen und Schlafen schweben muß, so muß er schweben zwischen Sozialem und Antisozialem. Aber das ist es gerade, was für das Leben des Menschen außerordentlich stark in Betracht kommt. Denn dadurch kann der Mensch zu dem einen oder anderen mehr oder weniger hinneigen, wie man ja sogar mehr oder weniger zum Schlafen oder Wachen hinneigen kann. Es gibt Menschen, die über das Maß hinaus schlafen, die also in dem Pendelzustand, in dem der Mensch sein muß zwischen Schlafen und Wachen, sich eben nach der einen Seite der Waage hinkehren. So kann auch der Mensch mehr die sozialen oder mehr die antisozialen Impulse in sich pflegen. Dadurch sind die Menschen individuell verschieden, daß der eine mehr die sozialen, der andere mehr die antisozialen Impulse pflegt. Man kann, wenn man einigermaßen Menschenkenntnis hat, danach die Menschen gut unterscheiden. Sie teilen sich genau in diese zwei Klassen. Die einen sind mehr dem sozialen, die anderen mehr dem antisozialen Wesen zugeneigt.

Nun sagte ich: Es hat das noch eine andere Seite –, denn das Antisoziale hängt damit zusammen, daß wir uns gewissermaßen selber schützen vor dem Eingeschläfertwerden. Aber damit ist etwas anderes in Verbindung. Es macht uns dieses krank. Wenn auch nicht sehr wahrnehmbare – manchmal aber auch sehr wahrnehmbare – Krankheiten daraus entstehen, zu den Krankheitsursachen gehört das anti-

15

soziale Wesen. So daß es Ihnen leicht begreiflich sein wird, daß das soziale Wesen zugleich etwas Gesundendes, etwas Belebendes hat. Sie sehen aber daraus, wie merkwürdig die menschliche Natur beschaffen ist. Der Mensch kann sich nicht gesundmachen durch das soziale Wesen, ohne sich gewissermaßen einzuschläfern. Indem er sich herausreißt dem sozialen Wesen, stärkt er sein denkendes Bewußtsein, wird aber antisozial. Damit lähmt er aber auch die gesundenden Kräfte ab, die in seinem Unterbewußten, in seinem Organismus sind. So spielt bis in die gesunde und kranke Lebensverfassung hinein dasjenige, was als soziale und antisoziale Impulse im Menschen vorhanden ist. Wer nach dieser Richtung Menschenkenntnis entwickelt, der wird eine große Anzahl von mehr oder weniger wirklichen Krankheiten zurückführen können auf das antisoziale Wesen des Menschen. Mehr als man glaubt, hängt mit dem antisozialen Wesen des Menschen Kranksein zusammen, namentlich diejenigen Krankheiten, die ja oft recht wirkliche Krankheiten sind, die sich aber in so etwas äußern wie in «Mukken», in allerlei Selbstquälereien und im Quälen von anderen, im «Komischsein», in der Sucht, dies oder jenes «auszufressen». Das alles hängt zusammen mit ungesunder organischer Konstitution, entwickelt sich aber allmählich, wenn man stark zu antisozialen Impulsen hinneigt.

Überhaupt sollte man sich ganz klar darüber sein, daß hier ein sehr wichtiges Lebensgeheimnis verborgen ist. Dieses Lebensgeheimnis, das sowohl für den Erzieher wie für die menschliche Selbsterziehung außerordentlich wichtig ist, lebendig zu kennen, nicht bloß in der Theorie, das bedeutet, daß man auch den Trieb erhält, sein eigenes Leben stark in die Hand zu nehmen, über das Überwinden des Antisozialen nachzudenken, es nachzufühlen, um darüber hinauszukommen. Manche Menschen würden sich nicht nur von ihren Mucken, sondern auch von allerlei Kränklichkeiten gesund machen, wenn sie ihre antisozialen Impulse in sich untersuchen würden. Das muß man aber ernsthaftig tun. Das muß man ohne Selbstliebe tun, denn das ist für das Leben von ungeheurer Wichtigkeit. – Das sei zunächst gesagt über das Soziale und Antisoziale im Menschen mit Bezug auf das Vorstellen oder Denken.

16

Nun ist der Mensch außerdem ein fühlendes Wesen, und mit dem Fühlen ist es nun wiederum eine eigentümliche Sache. Auch mit Bezug auf das Fühlen ist der Mensch nicht so einfach, als er es sich gerne vorstellen möchte. Das Fühlen von Mensch zu Mensch hat nämlich eine paradoxe Eigentümlichkeit. Das Fühlen hat die Eigentümlichkeit, daß es zunächst geneigt ist, uns eine gefälschte Empfindung von dem anderen Menschen zu geben. Die erste Neigung im Unterbewußtsein des Menschen im Verkehr von Mensch zu Mensch besteht immer darin, daß uns von dem anderen Menschen im Unterbewußtsein eine gefälschte Empfindung auftaucht, und wir müssen im Leben immer erst diese gefälschte Empfindung bekämpfen. Der Lebenskenner wird sehr leicht bemerken, daß Menschen, die nicht geneigt sind, interessevoll auf andere Menschen einzugehen, eigentlich fast über alle Menschen schimpfen, wenigstens nach einiger Zeit. Das ist ja eine Eigentümlichkeit einer großen Anzahl von Menschen. Man liebt den einen oder den anderen Menschen eine Zeitlang; aber wenn diese Zeit vergangen ist, dann regt sich so etwas in der menschlichen Natur, und man fängt an, auf den anderen irgendwie zu schimpfen, irgend etwas gegen ihn zu haben. Man weiß oftmals selbst nicht, was man gegen ihn hat, denn diese Dinge spielen sich ja sehr im Unterbewußtsein ab. Das rührt einfach davon her, daß das Unterbewußtsein die Tendenz hat, das Bild, das wir uns von dem anderen Menschen machen, eigentlich zu verfälschen. Wir müssen den anderen Menschen erst genauer kennenlernen, dann werden wir sehen, daß wir in dem Bilde, das wir zunächst gewonnen haben, Fälschungen ausradieren müssen. So paradox das klingt, es würde eine gute Lebensmaxime sein – wenn auch Ausnahmen dabei in Betracht kommen –, wenn wir uns immer vornehmen würden, das Bild des Menschen, das sich uns im Unterbewußtsein fixiert, zu korrigieren, unter allen Umständen irgendwie zu korrigieren. Denn dieses Unterbewußte, das hat die Tendenz, nach Sympathien und Antipathien die Menschen zu beurteilen. Das Leben fordert uns ja selbst dazu auf. So wie das Leben uns dazu auffordert, einfach denkender Mensch zu sein und wir dadurch antisozial sind, so fordert uns das Leben auf – die Dinge, die ich sage, sind einfach Tatsachen –, nach Sympathien und Antipathien zu urteilen. Jedes Urteil aber, das nach

Sympathien und Antipathien gefällt ist, ist gefälscht. Es gibt kein wahres, kein richtiges Urteil, wenn es nach Sympathien und Antipathien gefällt ist. Und deshalb, weil immer das Unterbewußte im Fühlen nach Sympathie und Antipathie geht, entwirft es immer ein gefälschtes Bild des Nebenmenschen. Wir können gar nicht in unserem Unterbewußten ein richtiges Bild des Nebenmenschen haben. Gewiß, wir haben manchmal auch ein zu gutes, aber es ist immer nach Sympathien und Antipathien gebildet, und es bleibt nichts anderes übrig, als sich eine solche Tatsache einfach zu gestehen, sich zu gestehen, daß man auch da als Mensch nicht etwas sein kann, sondern etwas werden soll. Man muß sich sagen, daß man namentlich mit Bezug auf den Gefühlsverkehr mit anderen Menschen ein erwartendes Leben führen muß. Man darf nicht auf das Bild gehen, das sich einem zunächst von dem Menschen aus dem Unterbewußten in das Bewußtsein heraufdrängt, sondern man muß versuchen, mit Menschen zu leben. Man wird sehen, wenn man versucht, mit den Menschen zu leben, daß sich aus der antisozialen Stimmung, die man eigentlich immer zunächst hat, die soziale Stimmung herausentwickelt.

So ist es von ganz besonderer Wichtigkeit, das Gefühlsleben des Menschen zu studieren, insofern es antisozial ist. Während das Denkerleben deshalb antisozial ist, weil der Mensch sich schützen muß vor dem Einschlafen, ist das Gefühlsleben antisozial, weil der Mensch dadurch, daß er nach Sympathie und Antipathie seinen Verkehr zu Menschen einrichtet, von vornherein der Gesellschaft falsche Gefühlsströmungen einimpft. Dasjenige, was von Menschen durch Sympathien und Antipathien kommt, ist von vornherein so, daß es antisoziale Lebensströmungen in die menschliche Gesellschaft hineinwirft. Man kann sagen, so paradox das klingt, eine soziale Gesellschaft wäre eigentlich nur möglich, wenn die Menschen nicht in Sympathien und Antipathien lebten. Dann wären sie aber keine Menschen. Daraus geht Ihnen wiederum hervor, daß der Mensch zugleich ein soziales und antisoziales Wesen ist, daß also das, was man «soziale Frage» nennt, auf die Intimitäten der menschlichen Wesenheit eingehen muß. Wenn man darauf nicht eingeht, so wird man niemals zu einer Lösung der sozialen Frage für irgendeine Zeit kommen.

18

Mit Bezug auf das Wollen, das sich von Mensch zu Mensch ab-spielt, da zeigt es sich ganz besonders auffällig und paradox, was für ein kompliziertes Wesen der Mensch ist. Sie wissen ja, mit Bezug auf das Wollen zwischen Mensch und Mensch spielen nicht nur Sympathien und Antipathien eine Rolle – die spielen ja eine Rolle, insofern wir fühlende Wesen sind –, sondern da spielen Neigungen und Abneigungen, die in Aktion übergehen, also Sympathien und Antipathien in Aktion, in ihrer Äußerung, in ihrer Offenbarung eine ganz besondere Rolle. Der Mensch verhält sich zu dem andern Menschen so, wie es ihm seine besondere Sympathie zu diesem Menschen, der besondere Grad von Liebe, den er ihm entgegenbringt, eingibt. Da spielt eine unterbewußte Inspiration eine merkwürdige Rolle. Denn dasjenige, was ja ausgegossen ist über allen Willensverkehr von Mensch zu Mensch, müssen wir in dem Lichte des Impulses betrachten, dem dieser Willensverkehr unterliegt, in dem Lichte der mehr oder weniger vorhandenen Liebe, die zwischen den Menschen spielt. Von dieser Liebe, die zwischen den Menschen spielt, lassen ja die Menschen ihre Willensimpulse getragen sein, die so hinüberspielen von Mensch zu Mensch.

Mit Bezug auf die Liebe unterliegt der Mensch im allereminentesten Sinne einer großen Täuschung und bedarf noch mehr der Korrektur, als mit Bezug auf die gewöhnlichen Gefühlssympathien und -antipathien. Denn, so sonderbar das klingt für das gewöhnliche Bewußtsein, es ist durchaus wahr, daß die Liebe, die sich von einem Menschen zum anderen geltend macht, wenn sie nicht vergeistigt ist – im gewöhnlichen Leben ist ja die Liebe nur im seltensten Maße vergeistigt, und ich rede jetzt nicht etwa bloß von geschlechtlicher oder auf geschlechtlicher Unterlage ruhender Liebe, sondern überhaupt von der Liebe von Mensch zu Mensch –, daß diese nichtvergeistigte Liebe eigentlich nicht die Liebe als solche, sondern das Bild ist, das man sich von ihr macht, daß sie zumeist nichts weiter ist als eine furchtbare Illusion. Denn die Liebe, die ein Mensch zum andern zu entwickeln glaubt, ist – so wie die Menschen einmal sind im Leben – zumeist nichts anderes als Selbstliebe. Der Mensch glaubt, den andern zu lieben, liebt sich aber eigentlich in der Liebe nur selbst. Sie sehen hier einen Quell von antisozialem Wesen, der noch dazu die Quelle einer furchtbaren Selbsttäuschung sein muß. Man kann nämlich in überströmender Liebe zu einem Menschen aufzugehen meinen, aber man liebt nicht in Wirklichkeit diesen anderen Menschen, sondern man liebt das Verbundensein mit dem anderen Menschen in der eigenen Seele. Was man da als Beseligung in der eigenen Seele empfindet am andern Menschen, was man in sich empfindet dadurch, daß man mit dem andern Menschen zusammen ist, daß man dem andern Menschen meinetwillen Liebeserklärungen macht, das ist es, was man eigentlich liebt. Man liebt im ganzen sich selber, indem man diese Selbstliebe in dem Verkehre mit dem andern entzündet.

Dies ist ein wichtiges Lebensgeheimnis. Das ist von ganz immenser Wichtigkeit. Denn in der Täuschung über diese Liebe, von der man glaubt, daß sie Liebe sei, die aber eigentlich nur Selbstliebe, Selbstsucht, Egoismus, maskierter Egoismus ist – und die weitaus meiste Liebe, die von Mensch zu Mensch spielt und Liebe genannt wird, ist nur maskierter Egoismus –, in dieser Täuschung ist die Quelle der denkbar größten und weitesten antisozialen Impulse. Durch diese Selbstliebe, die sich in Liebe maskiert, wird der Mensch im eminentesten Sinne zu einem antisozialen Wesen. Der Mensch ist ja dadurch eben ein antisoziales Wesen, daß er sich in sich vergräbt. Und er vergräbt sich am allermeisten in sich, wenn er von diesem In-sich-vergraben-Sein nichts weiß oder nichts wissen will.

Sie sehen, daß derjenige, der insbesondere der heutigen Menschheit gegenüber von sozialen Forderungen spricht, auf solche Seelenzustände in hervorragendem Maße Rücksicht nehmen muß. Man muß einfach sagen: Wie sollen die Menschen zu irgendeiner sozialen Struktur ihres Zusammenlebens kommen, wenn sie sich nicht aufklären wollen, wieviel Selbstsucht in der sogenannten Liebe, in der Nächstenliebe zum Beispiel verkörpert ist. So kann die Liebe gerade ein ungeheuer starker Impuls zum antisozialen Leben sein. Man kann sagen: So wie der Mensch ist, wenn er nicht an sich arbeitet, wenn er sich nicht durch Selbstzucht in die Hand nimmt, so ist er als liebendes Wesen unter allen Umständen ein antisoziales Wesen. Die Liebe als solche, wie sie an der menschlichen Natur haftet, ohne daß der Mensch Selbstzucht übt, ist von vornherein antisozial, denn sie ist ausschließend. Das ist wiederum keine Kritik. Viele Erfordernisse des Lebens hängen damit zusammen, daß die Liebe ausschließend sein muß. Selbstverständlich wird der Vater seinen eigenen Sohn mehr lieben als ein fremdes Kind; aber das ist antisozial. Es läßt sich gar nicht leugnen, daß Antisoziales ins Leben durch das Leben selbst hineinspielt. Und sagt man: Der Mensch ist ein soziales Wesen – wie es heute geradezu Mode geworden ist –, so ist das Unsinn, denn der Mensch ist ebenso stark ein antisoziales Wesen, wie er ein soziales Wesen ist. Das Leben selber macht den Menschen zu einem antisozialen Wesen. Deshalb denken Sie sich einmal einen solchen Paradieseszustand auf Erden durchgeführt, wie es ihn gar nicht geben kann, aber wie er angestrebt wird, weil die Menschen ja immer das Unwirkliche viel mehr lieben als das Wirkliche – denken wir uns, ein solcher Paradieseszustand würde hergestellt, meinetwillen sogar ein solcher Überparadieseszustand, wie ihn *Lenin, Trotzki, Kurt Eisner* und andere auf der Erde haben wollen. Sehr bald schon würden sich unzählige Menschen dagegen auflehnen müssen, weil sie dabei nicht Menschen bleiben können, weil in einem solchen Zustande eben nur die sozialen Triebe Befriedigung finden würden, sich aber die antisozialen Triebe sogleich regen würden. Das ist ebenso notwendig, wie ein Pendel nicht bloß nach der einen Seite ausschlägt. In dem Augenblicke, wo Sie einen Paradieseszustand herstellen, müssen sich die antisozialen Triebe regen. Wenn das sich verwirklichte, was Lenin und Trotzki und Kurt Eisner wollen und von dem sie sich vorstellen, es sei ein Paradieseszustand, es müßte sich in kürzester Zeit durch die antisozialen Triebe in sein Gegenteil verkehren. Denn das ist eben das Leben, daß es zwischen Ebbe und Flut hin und her geht. Und wenn man das nicht verstehen will, so versteht man überhaupt nichts von der Welt. Man hört ja oft: Das Ideal eines staatlichen Zusammenlebens ist die Demokratie. – Gut, nehmen wir also an, das Ideal eines staatlichen Zusammenlebens sei die Demokratie. Aber, wenn man diese Demokratie irgendwo einführen wollte, so würde sie notwendigerweise in ihrer letzten Phase zu ihrer eignen Aufhebung führen. Die Demokratie strebt notwendigerweise danach, wenn die Demokraten beisammen sind, daß immer einer den andern überwältigen will, immer will einer recht haben gegenüber dem andern. Das ist ganz selbstverständlich. Sie strebt nach ihrer eigenen Auflösung. Führen Sie also irgendwo die Demokratie ein, so können Sie das in Gedanken schön ausmalen. Aber in die Wirklichkeit übergeführt, führt die Demokratie ebenso zum Gegenteil der Demokratie, wie das Pendel nach der entgegengesetzten Seite ausschlägt. Das geht gar nicht anders im Leben. Demokratien werden immer nach einiger Zeit sterben an ihrer eigenen demokratischen Natur. Das sind die Dinge, die zum Verständnis des Lebens ungeheuer notwendig sind.

Nun liegt noch dazu das Eigentümliche vor, daß gerade die zunächst wesentlichsten Eigenschaften des Menschen im fünften nachatlantischen Zeitraum antisoziale Eigenschaften sind. Denn das Bewußtsein, das gerade auf das Denken gebaut ist, soll sich in diesem Zeitraum entwickeln. Daher wird dieser Zeitraum gerade am stärksten die antisozialen Impulse durch die Natur des Menschen herauskehren. Die Menschen werden durch diese antisozialen Impulse mehr oder weniger unleidige Zustände hervorrufen, und es wird immer die Reaktion gegen den Antisozialismus wiederum in dem Schreien nach Sozialismus sich geltend machen. Das muß man nur verstehen, daß Ebbe und Flut eben immer wechseln müssen. Denn, nehmen Sie an, Sie sozialisieren wirklich die Gesellschaft, da würden schließlich solche Zustände von Mensch zu Mensch herbeigeführt, daß wir im Verkehr miteinander immer schlafen würden. Der Menschenverkehr wäre ein Einschläferungsmittel. Sie können sich das heute schwer vorstellen, weil Sie überhaupt nicht konkret ausdenken werden, wie es ausschauen würde in einer sogenannten sozialistischen Republik. Aber diese sozialistische Republik wäre tatsächlich eine große Schlafstätte für das menschliche Vorstellungsvermögen. Man kann begreifen, daß Sehnsuchten vorhanden sind nach so etwas. Es sind ja bei sehr vielen Menschen auch Sehnsuchten nach dem Schlafen fortwährend vorhanden. Aber man muß eben verstehen, was innere Notwendigkeiten des Lebens sind, und muß sich nicht damit begnügen, bloß dasjenige zu wollen, was einem paßt oder was einem gefällt; denn in der Regel gefällt einem das, was man nicht hat. Dasjenige, was man hat, weiß man meistens nicht zu schätzen.

Sie sehen aus diesen Ausführungen, daß, wenn man über die soziale Frage spricht, man vor allen Dingen intim auf das Wesen des Menschen eingehen muß, und daß man dieses Wesen des Menschen so kennenlernen muß, daß man weiß, wie im Menschen realisiert sind soziale und antisoziale Triebe. Im Leben verschlingen sich die sozialen und antisozialen Triebe in einer oftmals knäuelförmigen, unentwirrbaren Weise. Deshalb ist es so schwierig, über die soziale Frage zu sprechen. Die soziale Frage kann kaum anders besprochen werden, als wenn man die Neigung hat, wirklich auf die intime Natur des Menschen einzugehen, darauf einzugehen, wie zum Beispiel die Bourgeoisie an sich ein Träger antisozialer Impulse ist. Einfach das Bourgeois-Sein entwickelt antisoziale Impulse, weil das Bourgeois-Sein im wesentlichen darin besteht, sich eine solche Sphäre des Lebens zu schaffen, wie es einem paßt, so daß man in ihr beruhigt sein kann. Wenn man dieses eigentümliche Streben des Bourgeois untersucht, so besteht es darin, daß er sich nach den Eigentümlichkeiten unseres gegenwärtigen Zeitraumes auf ökonomischer Grundlage eine Lebensinsel schaffen will, auf welcher er mit Bezug auf alle Verhältnisse schlafen kann, mit Ausnahme irgendeiner besonderen Lebensgewohnheit, die er je nach seinen subjektiven Antipathien oder Sympathien entwickelt. Also der Bourgeois, er kann dadurch sehr viel schlafen. Er strebt daher nicht nach jenem Schlaf, nach dem der Proletarier strebt, der immerfort wachgehalten wird, weil sein Bewußtsein nicht auf ökonomischer Grundlage eingeschläfert wird; der sehnt sich daher nach dem Schlafe der sozialen Ordnung. Das ist schon ein sehr wichtiges psychologisches Aperçu. Besitz schläfert ein; Notwendigkeit, im Leben zu kämpfen, weckt auf. Die Einschläferung durch den Besitz läßt einen antisoziale Impulse entwickeln, weil man sich nicht sehnt nach dem sozialen Schlafe. Das fortwährende Aufgefordertwerden durch die Erwerbsnotwendigkeit läßt Sehnsucht nach dem Einschlafen im sozialen Zusammenhange entstehen.

Diese Dinge müssen durchaus in Betracht gezogen werden, sonst versteht man die Gegenwart absolut nicht. Nun kann man sagen: Trotz alledem strebt in einer gewissen Weise unser fünfter nachatlantischer Zeitraum nach Sozialisierung in der Form, wie ich es Ihnen neulich hier auseinandergesetzt habe. Denn diese Dinge, die ich angegeben habe, werden kommen: entweder, wenn sich die Menschen dazu bequemen, durch menschliche Vernunft, oder, wenn sie sich nicht dazu bequemen, durch Kataklysmen, durch Revolutionen. Diese Dreigliederung strebt der Mensch an im fünften nachatlantischen Zeitraum, diese Dreigliederung muß kommen. Nach einer gewissen Sozialisierung strebt also unser Zeitraum.

Aber diese Sozialisierung ist nicht möglich – das wird Ihnen aus mancherlei Betrachtungen, die wir hier auch schon angestellt haben, hervorgehen –, ohne daß ein anderes sie begleitet. Sozialisierung kann sich nur beziehen auf die äußere Gesellschaftsstruktur. Die kann aber in unserem fünften nachatlantischen Zeitraum eigentlich nur in einer Bändigung des denkerischen Bewußtseins bestehen, in einer Bändigung der antisozialen menschlichen Instinkte. Es muß also durch die soziale Struktur gewissermaßen eine Bändigung der antisozialen Vorstellungsinstinkte geschehen. Das muß eine Widerlage haben, das muß durch irgend etwas ins Gleichgewicht gebracht werden. Ins Gleichgewicht aber kann das nur gebracht werden dadurch, daß alles, was aus früheren Zeiträumen, in denen es berechtigt war, an Knechtung der Gedanken, an Überwältigung der Gedanken eines Menschen durch den anderen stammt, daß das mit der zunehmenden Sozialisierung aus der Welt geschafft wird. Daher muß die Freiheit des Geisteslebens neben der Organisierung der wirtschaftlichen Verhältnisse, der ökonomischen Verhältnisse, in der Zukunft stattfinden. Diese Freiheit des Geisteslebens allein macht möglich, daß wir wirklich von Mensch zu Mensch so stehen, daß wir in dem andern den Menschen sehen, der vor uns steht, nicht den Menschen im allgemeinen. Ein Woodrow Wilsonsches Programm redet vom Menschen im allgemeinen. Aber diesen Menschen im allgemeinen, diesen abstrakten Menschen gibt es nicht. Was es gibt, ist immer nur der einzelne, individuelle Mensch. Für den können wir uns nur wiederum als ganze Menschen, nicht durch das bloße Denken interessieren. Wir löschen das, was wir von Mensch zu Mensch entwickeln sollen, aus, wenn wir wilsonisieren, wenn wir ein abstraktes Bild des Menschen entwerfen. Das Wesentliche, worauf es ankommt, ist, daß zur Sozialisierung in der Zukunft

24

die absolute Freiheit der Gedanken tritt; Sozialisierung ist nicht denkbar ohne Gedankenfreiheit. Daher wird die Sozialisierung verknüpft sein müssen mit der Ausmerzung aller Gedankenknechtschaft – sei diese Gedankenknechtschaft kultiviert durch das, was gewisse Gesellschaften der englisch sprechenden Bevölkerung treiben, die ich Ihnen hinlänglich charakterisiert habe, oder durch den römischen Katholizismus. Beide sind einander wert, und es ist außerordentlich wichtig, daß man die innere Verwandtschaft dieser beiden ins Auge faßt. Es ist außerordentlich wichtig, daß besonders in bezug auf solche Dinge heute keine Unklarheit herrscht. Sie können das, was ich Ihnen vorgebracht habe über die Eigentümlichkeit jener Geheimgesellschaften der englisch sprechenden Bevölkerung, heute einem Jesuiten erzählen. Er wird sehr erfreut sein, daß er eine Bestätigung dessen, was er vertritt, bekommt; aber Sie müssen sich klar sein, wenn Sie auf dem Boden der Geisteswissenschaft stehen wollen, daß Sie Ihre Ablehnung dieser Geheimgesellschaften nicht mit der Ablehnung, die von Jesuiten kommt, verwechseln dürfen. Es ist merkwürdig, daß man auf diesem Gebiete heute noch zu wenig Unterscheidungsvermögen an den Tag legt.

Ich habe neulich einmal auch in öffentlichen Vorträgen darauf aufmerksam gemacht, daß es heute nicht nur darauf ankommt, was einer sagt, sondern daß man immer darauf achte, von welchem Geist dasjenige durchdrungen ist, was gesagt wird. Ich habe das Beispiel angeführt von den gleichlautenden Sätzen bei Woodrow Wilson und bei *Herman Grimm*. Ich sage das deshalb, weil Sie es jetzt in immer stärkerem Maße werden erleben können, daß zum Beispiel von jener Seite scheinbar ebenso aufgetreten wird gegen jene englisch-amerikanischen Geheimgesellschaften – aber eben nur scheinbar –, wie hier aufgetreten werden mußte. Allein so etwas, wie es zum Beispiel jetzt im Dezemberheft der «Stimmen der Zeit» steht, das macht auf einen Menschen, der auf das Sachliche sieht, einen fratzenhaft komischen Eindruck. Denn selbstverständlich ist dasjenige, was bekämpft werden muß an den englisch-amerikanischen Geheimgesellschaften, genau dasselbe, was bekämpft werden muß am Jesuitismus. Die beiden stehen einander gegenüber, die eine die andere bekämpfend, wie Macht gegen Macht, die nicht nebeneinander sein können. Bei dem einen und bei dem anderen ist nicht das geringste wirkliche, sachliche Interesse vorhanden, sondern nur ein parteimäßiges, ein ordengemäßes Interesse. Das müssen wir uns heute ganz besonders abgewöhnen, nur auf den Inhalt zu sehen und nicht zu sehen, von welchem Gesichtspunkte aus irgend etwas in die Welt gesetzt wird. Es kann etwas, wenn es von einem Gesichtspunkte aus, der für einen Zeitraum gültig ist, in die Welt gesetzt wird, ein Wohltätiges, ein Heilsames sein; wenn es von einer anderen Macht in Szene gesetzt wird, kann es entweder etwas ungeheuer Lächerliches oder sogar Schädliches sein. Das ist etwas, was heute ganz besonders berücksichtigt werden muß. Denn es wird sich immer mehr und mehr herausstellen: Wenn zwei dasselbe sagen, so ist es nicht dasselbe, je nach dem Hintergrunde, der dahinter liegt. Nach alledem, was uns das Leben jetzt an Prüfungen gebracht hat in den letzten drei bis vier Jahren, ist es ganz besonders notwendig, daß wir auf solche Dinge wirklich endlich einmal Rücksicht nehmen, daß wir auf solche Dinge wirklich eingehen.

Von einem wirklichen Eingehen auf diese Dinge merkt man noch nicht viel. Man wird beispielsweise heute noch immer fragen: Wie soll man das und jenes einrichten, wie soll man das und jenes machen, damit es richtig ist? Richten Sie da oder dort dies oder jenes ein – wenn Sie die Menschen nicht hineinsetzen, die im Sinne unseres Zeitalters denken, dann können Sie die beste oder die schlechteste Einrichtung machen, sie werden beide entweder zum Heil oder zum Unheil ausschlagen, je nachdem Sie Menschen hineinsetzen. Worauf es heute ankommt, ist, daß der Mensch wirklich begreife: Er muß werden, er kann nicht auf irgend etwas geben, was er schon ist, er muß fortwährend ein Werdender sein. Er muß sich auch dazu verstehen, wirklich in die Wirklichkeit hineinzuschauen. Dem ist man aber sehr, sehr abgeneigt; das habe ich ja von den verschiedensten Gesichtspunkten aus betont. In allen Dingen, namentlich in den Zeitverhältnissen, ist man so sehr geneigt, nur ja nicht an die Wirklichkeit heranzutippen, sondern die Dinge eben zu nehmen, wie es einem paßt. Ein Urteil sich zu bilden, das sachgemäß ist, ist natürlich nicht so leicht wie ein Urteilen, das möglichst geradlinig lossteuert auf die Formulierbarkeit. Urteile, die sachgemäß sind, sind nicht ohne weiteres formulierbar, namentlich dann nicht, wenn sie in das Soziale oder in das Menschliche oder in das politische Leben eingreifen, denn da ist fast immer auch das Gegenteil von dem richtig, was man annimmt – auch in demselben Grade richtig, wie das Gegenteil. Nur wenn man versucht, sich überhaupt kein Urteil zu bilden von solchen Verhältnissen, sondern sich Bilder zu machen, das heißt, wenn man schon aufsteigt in das imaginative Leben, dann wird man ungefähr den rechten Weg gehen können. Das ist in unserer Zeit von ganz besonderer Wichtigkeit, daß man versucht, sich Bilder zu machen, nicht eigentlich abstrakte, abgeschlossene Urteile. Bilder müssen es ja auch sein, welche zur Sozialisierung hindrängen. Dann, was weiter notwendig ist: es gibt keine Sozialisierung, ohne daß der Mensch geisteswissenschaftlich wird – also gedankenfrei auf der einen Seite, geisteswissenschaftlich auf der andern Seite.

Ich habe ja auf das, was da zugrunde liegt, auch schon in öffentlichen Vortragen, auch in Basel im öffentlichen Vortrage hingewiesen. Ich sagte, daß gewisse materialistisch denkende Menschen, die so alles aus der Entwickelung heraus, aus der Tierreihe herauf begreifen wollen, sagen: Nun ja, wir haben beim Tier die Anfänge von sozialen Instinkten, die entwickeln sich im Menschen zu der Moralität. Aber gerade das, was soziale Instinkte bei den Tieren sind: wenn es zum Menschen heraufgehoben wird, wird es eben antisozial. Gerade was bei den Tieren sozial ist, ist beim Menschen im eminentesten Sinne antisozial! Die Menschen wollen überhaupt nicht eingehen auf die verschiedenen Linien, die einem ein reales Bild von den Dingen geben, sondern sie wollen sich rasch Urteile bilden. Nur dann kommt man zurecht im Wechselverkehr von Mensch zu Mensch, wenn man den Menschen nicht bloß hinsichtlich seiner tierischen Natur auffaßt, denn da ist er eben im eminentesten Sinne antisozial, sondern wenn man ihn auffaßt als ein geistiges Wesen, jeden Menschen als ein geistiges Wesen. Das kann man aber nur, wenn man die ganze Welt mit Bezug auf ihre geistige Grundlage auffaßt. Diese drei Dinge sind eben auch voneinander untrennbar: Sozialismus, Gedankenfreiheit, Geisteswissenschaft. Die gehören zusammen. Eines ist ohne das andere in unserem fünften nachatlantischen Zeitraum in seiner Entwickelung nicht möglich.

Besonders das wird notwendig sein, daß sich die Menschen bequemen, darauf, daß in jedem Menschen auch ein antisoziales Wesen steckt, nicht gedankenlos hinzuschauen. Man könnte auch sagen, wenn man trivial sprechen möchte: Es kommt sehr viel darauf an für das Heil dieses Zeitraumes, daß die Menschen aufhören, sich selbst so furchtbar gern zu haben. Das ist ja das Charakteristikon des gegenwärtigen Menschen, daß er sich selbst so gern hat. Und da müssen Sie wiederum unterscheiden: Er hat sein Denken, sein Fühlen, sein Wollen ganz besonders gern – und dann, wenn er einmal zum Beispiel sein Denken gern bekommen hat, dann läßt er davon nicht ab.

Sehen Sie, derjenige, der wirklich denken kann, der weiß etwas, was gar nicht unwichtig ist: Über alles das, was er richtig denkt, hat er irgendeinmal falsch gedacht. Eigentlich weiß man nur dasjenige richtig, von dem man die Erfahrung gemacht hat, was es in der Seele bewirkt, wenn man darüber falsch gedacht hat. Aber auf solche innere Entwickelungszustände lassen sich die Menschen nicht gern ein. Deshalb verstehen heute die Menschen einander so wenig. Ich will Ihnen ein Beispiel sagen. Die proletarische Weltanschauung, von der ich Ihnen öfter gesprochen habe, die behauptet, daß die Art, wie die Menschen vorstellen, der ganze ideologische Oberbau, abhängt von den wirtschaftlichen Verhältnissen, so daß die Menschen ihre politischen Gedanken nach ihren wirtschaftlichen Verhältnissen bilden.

Wer auf solche Gedanken eingehen kann, der wird finden, daß solch ein Gedanke eine breite Richtigkeit hat, insbesondere fast ganz richtig ist für die Zeitentwickelung seit dem sechzehnten Jahrhundert. Denn dasjenige, was die Menschen seit dem sechzehnten Jahrhundert denken, ist fast ganz ein Ergebnis der wirtschaftlichen Verhältnisse. Es ist nicht im absoluten Sinne richtig, aber es ist im relativen Sinne ganz weittragend richtig. Allein, in einen solchen Kopf, wie ein nationalökonomischer Professorkopf ist, will das nicht herein. Da doziert beispielsweise gar nicht weit weg von hier ein Nationalökonom, *Michels* heißt er, an einer Universität, der sagt, das sei falsch, denn man könne nachweisen, daß nicht durch die wirtschaftlichen Verhältnisse die politischen Gedanken gemacht werden, sondern daß durch die politischen Gedanken die wirtschaftlichen Verhältnisse ganz besonders umgeändert werden. Und es weist dieser Professor Michels dann hin auf die Kontinentalsperre Napoleons, wodurch gewisse Industriezweige etwa in Italien oder in England geradezu ausgerottet und andere eingeführt worden sind. Also, sagt er, da haben wir den eminentesten Fall, daß durch einen politischen Gedanken, durch die Kontinentalsperre, die ökonomischen Verhältnisse bestimmt werden. Solche Beispiele führt er noch mehrere an. Ich weiß, wenn hundert Menschen dieses Buch von diesem Professor Michels lesen, sind sie überzeugt, daß das stimmt, was er sagt, denn es wird mit einer ungeheueren Logik entwickelt. Es scheint absolut richtig zu sein, aber es ist doch lächerlich falsch. Es ist deshalb lächerlich falsch, weil alle Beispiele, die er anführt, nach demselben Schema zu behandeln sind wie diese Kontinentalsperre. Gewiß, die Kontinentalsperre hat bewirkt, daß in Italien gewisse Industrien verändert werden mußten, aber diese Veränderung der Industrien hat in dem ökonomischen Verhältnis zwischen Unternehmer und Arbeiter eben keine Veränderung hervorgerufen. Das ist gerade das Charakteristische. Alles das fällt heraus wie aus einem Sieb oder wie aus einem Faß ohne Boden. Es ist nämlich diese Michelssche ökonomische Theorie ein Faß ohne Boden. Es fällt alles das heraus, was er vorbringt, weil die proletarische Weltanschauung gar nicht behauptet, daß nicht durch irgendeinen solchen Gedanken wie die Kontinentalsperre, meinetwillen Florentiner Seidenindustrie sich entwickelt, die früher nicht da war, während sie sich in England nicht entwickelt. Die proletarische Weltanschauung behauptet vielmehr: Trotzdem die Kontinentalsperre eine Industrie dorthin, eine andere dorthin werfen kann, ändert sich nichts in den ökonomischen Verhältnissen zwischen Unternehmer und Arbeiter, und die sind das Entscheidende. So daß solche Dinge dann herausfallen aus dem großen Gang der wirtschaftlichen Ereignisse mit ihrem ideologischen Oberbau, und gerade die Kontinentalsperre in ihrer Wirksamkeit im eminentesten Sinne das, was der Professor Michels beweisen will, nicht beweist.

Nun fragen Sie: Warum besteht solch ein Mensch, wie der Professor Michels, auf seiner Theorie gegenüber dem proletarischen Denken? Aus dem einfachen Grunde, weil er verliebt ist in sein Denken, und weil er gar nicht in der Lage ist, einzugehen auf das proletarische Denken. Er schläft nämlich gleich ein. Es ist ein latentes Einschlafen. In dem Augenblicke, wo er proletarische Gedanken nachdenken soll, schläft er ein. Da kann er sich nur aufrechterhalten, indem er denjenigen Gedanken entwickelt, in den er verliebt ist.

So muß man auf die seelischen Dinge eingehen. In unserer Zeit ist einmal das Zeitalter, in dem man im eminentesten Sinne auf die seelischen Dinge eingehen muß, sonst wird man nicht begreifen, was in unserer Zeit notwendig ist; sonst wird man doch über diese schwierigen, tragischen Verhältnisse zu keinem irgendwie heilsamen Urteile kommen können. Und heilsame Urteile sind es ja eigentlich, die aus der Misere der Gegenwart doch allein hinwegführen können und auch hinwegführen werden. Zum Pessimismus im ganzen und großen ist kein Anlaß; aber zur Umkehrung des Urteils ist viel Anlaß. Vor allen Dingen bei jedem einzelnen ist zur Umkehrung des Urteiles im höchsten Maße Veranlassung.

Man muß schon sagen: Es ist sehr, sehr merkwürdig, wenn man sieht, wie heute die Menschen gleichsam schlafend ihre Urteile abgeben, und wie sie rasch vergessen von einem Zeitraum auf den andern, wenn die Zeiträume auch noch so kurz sind. Wir werden es ja insbesondere jetzt erleben, wie die Menschen vergessen werden die Art, wie sie geurteilt haben, was sie über die ganze Welt hin alles phraseologiert haben über Recht, über die Notwendigkeit, für das Recht zu kämpfen gegen das Unrecht. Wir werden es erleben, daß die meisten Menschen, die in dieser Form vor einiger Zeit von dem Recht gesprochen haben, dieses vergessen und gar nicht sehen werden, wie es sich in der nächsten Zeit bei der größten Anzahl derjenigen, die vom Recht gesprochen haben, einfach um die Geltendmachung der ganz gewöhnlichen Macht handelt. Das soll ihnen natürlich nicht übelgenommen werden; aber man soll sich nur klar sein darüber, daß, wenn man auf der einen Seite vom Recht gesprochen hat, man dann kein Recht dazu hat, zu übersehen, daß es sich bei den größten Schreiern zuletzt um Macht und Machtimpulse handelt. Wie gesagt, das soll nicht übelgenommen werden, aber schön wird nicht sein, wie sich dasjenige geltend macht, was vor verhältnismäßig kurzer Zeit nur immer von Recht und Recht und Recht gesprochen hat. Nicht erstaunt kann man darüber sein. Aber erstaunt müßten diejenigen sein, die mit-gesprochen haben, die mitgetan haben, wenn sie jetzt so merkwürdig das Bild verändert finden! Sie müßten dann wenigstens zu dem Be-wußtsein kommen, wie sehr der Mensch geneigt ist, seine Urteile nach Illusionen und nicht nach Wirklichkeiten zu bilden.

II

Die Zeit selbst spricht wohl deutlich genug sich dahin aus, daß wir gerade diejenigen Empfindungen und Betrachtungen, die wir aus unserer geisteswissenschaftlichen Vertiefung gewinnen, auch auf die Verhältnisse dieser Zeit, auf das Leben in dieser Zeit anwenden. Und nicht nur die äußeren Zeitverhältnisse sprechen heute eine deutliche Sprache, sondern auch unsere geisteswissenschaftlichen Anschauungen selbst rechtfertigen ja in einer gewissen Weise diese Sprache. Wir sind ja in so vielen unserer Betrachtungen von einer Grundtatsache der menschlichen Entwickelung ausgegangen: von der Tatsache, daß sich diese Entwickelung in aufeinanderfolgenden Etappen vollzieht, deren zunächst bedeutsame, uns jetzt vorzugsweise angehende, wie wir wissen, mit der großen atlantischen Katastrophe begonnen haben. Von den nachatlantischen Epochen sind vier verflossen, während wir jetzt in der fünften nachatlantischen Etappe der Entwickelung leben. Und diese Entwickelungsetappe, die im fünfzehnten Jahrhundert unserer christlichen Zeitrechnung begonnen hat, ist diejenige, die wir nennen können die der Bewußtseinsseele. Andere menschliche Seelenkräfte sind insbesondere ausgebildet worden in den anderen Kulturzeiträumen. In unserem Kulturzeitraum, der eben auf den griechischlateinischen Zeitraum gefolgt ist in der ersten Hälfte des fünfzehnten Jahrhunderts, soll die Menschheit nach und nach ausbilden die Bewußtseinsseele. In dem vorhergehenden Zeitraum, der im achten vorchristlichen Jahrhundert begonnen hat und im fünfzehnten nachchristlichen Jahrhundert vollendet war, hat die Menschheit vorzugsweise kulturmäßig ausgebildet die Verstandes- oder Gemütsseele.

Nun, wir brauchen uns auf die Charakterisierung dieser Etappen nicht einzulassen, aber wir wollen besonders ins Auge fassen, was das Eigentümliche unseres Zeitalters ist, dieses Zeitalters, das ja erst verhältnismäßig wenig Jahrhunderte hinter sich hat. Denn ein solches Zeitalter dauert ja durchschnittlich etwas über zweitausend Jahre. Es ist also noch viel zu absolvieren übrig in diesem Zeitraum der Bewußtseinsseele. In diesem Zeitalter der Bewußtseinsseele wird die Aufgabe der zivilisierten Menschheit die sein, das ganze menschliche Wesen zu erfassen und es auf sich selbst zu stellen, vieles, außerordentlich vieles von dem, was der Mensch in früheren Zeiträumen instinktmäßig gefühlt, instinktmäßig beurteilt hat, ins volle Licht des Bewußtseins heraufzuheben.

Nicht wahr, viele Schwierigkeiten und vieles Chaotische, das in unserem Zeitraume sich um uns herum und mit uns abspielt, wird einem eigentlich sofort erklärlich, wenn man weiß, daß dies die Aufgabe unseres Zeitalters ist: Instinktives ins Bewußtsein heraufzuheben. Denn das Instinktive geschieht gewissermaßen von selbst; aber was bewußt geschehen soll, das erfordert, daß der Mensch sich innerlich anstrengt, daß er vor allen Dingen beginnt, wirklich aus seinem ganzen Wesen heraus zu denken. Und das scheut der Mensch. Das ist etwas, was der Mensch nicht gern tut: bewußt Anteil nehmen an der Gestaltung der Weltverhältnisse. Außerdem liegt hier ein Punkt, über den sich heute die Menschen noch viel täuschen. Die Menschen heute denken: Nun ja, wir leben ja gerade im Zeitalter der Gedankenentwickelung. – Die Menschen sind stolz darauf, daß heute mehr gedacht wird als früher. Aber zunächst ist dies eine Täuschung, eine Illusion, eine der vielen Illusionen, von denen heute die Menschheit lebt. Das, was die Menschen so stolz macht, dieses Fassen von Gedanken, das ist vielfach instinktiv. Erst wenn das Instinktive, das heraufgekommen ist in der Menschheitsentwickelung und das sich heute im Stolzsein auf das Denken äußert, aktiv wird, wenn wirklich das Intellektuelle nicht bloß aus dem Gehirn, sondern aus dem ganzen Menschen entspringt, wenn das Intellektuelle selbst nur ein Teil wird des ganzen geistigen Lebens, wenn es vom Rationalistischen hinweggehoben und ins Imaginative, Inspirierte, Intuitive heraufgehoben wird: erst dann wird dasjenige, was herauswill in diesem fünften nachatlantischen Bewußtseinsseelenzeitraum, nach und nach herauskommen. Was dem Menschen heute entgegentritt - was ihn schon hinweisen kann darauf, daß ihn gewissermaßen selbst die alltäglichsten Gedanken auf seine besonderen Eigentümlichkeiten in diesem Zeitalter hinweisen –, das ist, was man immer wieder erwähnen muß: das Auftauchen der sogenannten sozialen Frage.

Aber es wird derjenige, der ernsthaftig sich in unsere anthroposophisch orientierte Geisteswissenschaft vertieft hat, sehr leicht zu der Empfindung kommen können, daß doch das Wesentliche in der Gestaltung einer gesellschaftlichen Ordnung, ob man sie nun staatlich oder sonstwie nennt, ausgehen muß von dem, was der Mensch aus sich heraus entwickelt, was er aus sich heraus entwickeln kann mit der Aufgabe, zu regeln den Verkehr von Mensch zu Mensch. Alles, was der Mensch aus sich heraus entwickelt, entspricht natürlich gewissen Impulsen, die zuletzt doch in unserem seelisch-geistigen Leben liegen. Wenn man die Sache so anschaut, wird man fragen können: Ja, muß denn nicht vor allen Dingen die Aufmerksamkeit gerichtet werden auf die sozialen Impulse, auf dasjenige, was aus der Menschennatur herauswill als soziale Impulse? Nennen wir, wobei wir aber nicht an etwas bloß Animalisches denken, diese sozialen Impulse meinetwillen soziale Triebe, wobei wir aber schon bedacht sind darauf, daß der Trieb nicht bloß unbewußt oder instinktiv gedacht werden soll, sondern daß, wenn wir von sozialen Trieben sprechen, wir meinen: Wir stehen im Bewußtseinszeitalter, und der Trieb will eben ins Bewußtsein herauf.

Wenn nun so etwas geltend gemacht wird: Es gibt soziale Triebe, sie wollen sich verwirklichen – da setzt gerade in unserem Zeitalter gleich wiederum die furchtbare Einseitigkeit ein, die nicht beklagt werden soll, die ruhig angeschaut werden soll, weil sie überwunden werden muß. Der Mensch in unserer Zeit ist so sehr geneigt, alle Dinge einseitig zu betrachten! Das ist immer so, als wenn man nur gelten lassen wollte den Ausschlag eines Pendels nach der einen Seite, und niemals bedenken würde, daß das Pendel ja vom Mittelpunkt nach der einen Seite gar nicht ausschlagen kann, ohne daß es auch nach der anderen Seite ausschlägt. Ebensowenig wie ein Pendel nur nach der einen Seite ausschlagen kann, ebensowenig können sich äußern im Menschen die sozialen Triebe nur nach der einen Seite. Den sozialen Trieben stehen in der Menschennatur einfach selbstverständlich, wegen dieser Menschennatur, die antisozialen Triebe gegenüber. Und genau ebenso, wie in der Menschennatur es soziale Triebe gibt, gibt es antisoziale Triebe. Das muß vor allen Dingen berücksichtigt

35

werden. Denn die sozialen Führer und Agitatoren, die geben sich der großen Illusion hin, daß sie nur irgendwelche Anschauungen und dergleichen zu verbreiten brauchen, oder irgendeine Menschenklasse aufzurufen brauchen, welche willig oder geneigt ist, die sozialen Triebe, wenn es Anschauungen sind, zu pflegen. Ja, das ist eben eine Illusion, so zu verfahren, denn da rechnet man nicht damit, daß ebenso, wie die sozialen Triebe da sind, sich die antisozialen Triebe immer geltend machen. Das, worum es sich heute handelt, ist, diesen Dingen ohne Illusionen ins Gesicht sehen zu können. Man kann ihnen nur ohne Illusionen ins Gesicht sehen vom Gesichtspunkte einer geisteswissenschaftlichen Betrachtung. Man möchte sagen: Die Menschen verschlafen das Allerwichtigste im Leben, wenn sie dieses Leben nicht vom Gesichtspunkte der geisteswissenschaftlichen Betrachtung ins Auge fassen.

Wir müssen uns fragen: Wie steht es eigentlich mit dem Verkehr des Menschen zum Menschen mit Bezug auf die sozialen und antisozialen Triebe? – Sehen Sie, ein Gegenüberstehen von Mensch und Mensch ist seiner Wirklichkeit nach im Grunde etwas recht Kompliziertes! Wir müssen natürlich den Fall, ich möchte sagen, radikal ins Auge fassen. Wohl ist das Gegenüberstehen ein verschiedenes, differenziert sich nach den verschiedenen Verhältnissen, aber wir müssen das gemeinsame Merkmal im Gegenüberstehen eines Menschen zum andern Menschen ins Auge fassen, müssen uns fragen: Was geschieht da eigentlich in der Gesamtwirklichkeit – nicht bloß in dem, was den äußeren Sinnesanschauungen sich darbietet –, was geschieht in der Gesamtwirklichkeit, wenn ein Mensch dem andern gegenübersteht? – Da geschieht nichts Geringeres, als daß eine gewisse Kraft wirkt von Mensch zu Mensch hinüber. Das Gegenüberstehen von Mensch zu Mensch bedeutet einfach, daß eine gewisse Kraft wirkt von Mensch zu Mensch. Wir können bei dem, was wir tun von Mensch zu Mensch, nicht gleichgültig einander im Leben gegenüberstehen, nicht einmal in bloßen Gedanken und Empfindungen, sogar wenn wir dem Raume nach entfernt voneinander sind. Wenn wir irgendwie zu sorgen haben für den anderen Menschen, wenn wir irgendeine Verkehrsmöglichkeit zu schaffen haben, so wirkt eine Kraft von dem einen Menschen zu dem anderen hinüber. Das ist ja dasjenige, was dem sozialen Leben zugrunde liegt. Das ist dasjenige, was, wenn es sich verzweigt, verstrickt, eigentlich die soziale Struktur der Menschen begründet. Man bekommt natürlich das Phänomen am reinsten, wenn man an den unmittelbaren Verkehr von Mensch zu Mensch denkt: da besteht das Bestreben, durch den Eindruck, den der eine Mensch auf den andern macht, daß der Mensch eingeschläfert wird. Also das ist etwas Durchgehendes im sozialen Leben, daß der eine Mensch durch den anderen, mit dem er im Verkehr steht, eingeschläfert wird. Fortwährend ist – der Physiker würde sagen – die latente Tendenz da, daß im sozialen Verkehre ein Mensch den andern einschläfert.

Warum ist denn das so? Ja, sehen Sie, das beruht auf einer sehr wichtigen Einrichtung in der Gesamtwesenheit der Menschen. Es beruht darauf, daß im Grunde genommen dasjenige, was wir soziale Triebe nennen, eigentlich überhaupt nur beim gewöhnlichen gegenwärtigen Bewußtsein sich so recht aus der Seele des Menschen heraus entwickelt, wenn der Mensch schläft. Sie sind, insofern Sie nicht zur Hellsichtigkeit aufsteigen, eigentlich nur von sozialen Trieben durchsetzt, wenn Sie schlafen. Und nur das, was fortwirkt aus dem Schlaf in das Wachen herein, wirkt herein im Wachen als sozialer Trieb. Wenn Sie aber dieses wissen, so brauchen Sie sich nicht zu verwundern darüber, daß das soziale Wesen Sie einschläfern will durch das Verhältnis von Mensch zu Mensch. Im Verhältnis von Mensch zu Mensch soll sich entwickeln der soziale Trieb. Er kann sich nur entwickeln im Schlafe. Daher entwickelt sich im Verkehr von Mensch zu Mensch die Tendenz, daß der eine Mensch den andern behufs Herstellung eines sozialen Verhältnisses einschläfert. Das ist eine Tatsache, die frappierend ist, die sich aber dem Betrachter der Wirklichkeit des Lebens eben sogleich darbietet. Unser Verkehr von Mensch zu Mensch besteht darinnen, daß vor allen Dingen unser Vorstellungsvermögen in diesem Verkehre eingeschläfert wird, behufs der Herstellung der sozialen Triebe von Mensch zu Mensch.

Aber Sie können natürlich nicht fortwährend schlafend im Leben herumgehen. Die Tendenz, soziale Triebe herzustellen, besteht schon darinnen und drückt sich darinnen aus, daß Sie eigentlich fortwährend

Neigung haben sollten zum Schlafen. Die Dinge, die ich bespreche, gehen natürlich alle unterbewußt vor sich, aber sie gehen nicht weniger wirklich und nicht weniger unser Leben durchsetzend fortwährend vor sich. Also es besteht gerade zur Herstellung der sozialen Menschheitsstruktur eine fortwährende Neigung, einzuschlafen.

Dagegen wirkt noch etwas anderes. Es wirkt das fortwährende Sichsträuben, das fortwährende Aufbäumen der Menschen gegen diese Tendenz, wenn sie eben nicht schlafen. So daß Sie, wenn Sie einem Menschen gegenüberstehen, immer in folgenden Konflikten drinnenstehen: Dadurch, daß Sie ihm gegenüberstehen, entwickelt sich in Ihnen immer die Tendenz, zu schlafen, das Verhältnis im Schlafe zu ihm zu erleben; dadurch, daß Sie nicht aufgehen dürfen im Schlafen, daß Sie nicht versinken dürfen im Schlafen, regt sich in Ihnen die Gegenkraft, sich wachzuhalten. Das spielt sich immer ab im Verkehr von Mensch zu Mensch: Tendenz zum Einschlafen, Tendenz, sich wachzuhalten. Tendenz, sich wachzuhalten, ist aber antisozial in diesem Fall, Behauptung der eigenen Individualität, der eigenen Persönlichkeit gegenüber der sozialen Struktur in der Gesellschaft. Einfach indem wir Mensch unter Menschen sind, pendelt unser inneres Seelenleben zwischen Sozialem und Antisozialem hin und her. Und dasjenige, was so als diese zwei Triebe in uns lebt, was zu beobachten ist zwischen Mensch und Mensch, wenn man Mensch und Mensch einander gegenüberstehen sieht und sie okkult beobachtet, das beherrscht unser Leben. Wenn wir Einrichtungen treffen – und entfernen sich diese Einrichtungen noch so sehr für das heutige sehr gescheite Bewußtsein von der Wirklichkeit – sie sind doch ein Ausdruck dieses Pendelverhältnisses zwischen sozialen und antisozialen Trieben. Die Nationalökonomen mögen darüber nachdenken, was Kredit ist, Kapital ist, Rente ist und so weiter; diese Dinge, die im sozialen Verkehr Gesetzmäßigkeit ausmachen, sind nur Ausschläge des Pendels dieser beiden Triebe, des sozialen und des antisozialen Triebes.

Sehen Sie, an diese Dinge müßte heute derjenige verständig anknüpfen, real wissenschaftlich anknüpfen, der daran denkt, die Heilmittel in dieser Zeit zu finden. Denn woher kommt es denn, daß in unserer Zeit die soziale Forderung sich erhebt? Nun, wir leben im Zeitalter der Bewußtseinsseele, wo der Mensch auf sich selbst sich stellen muß. Worauf ist er da angewiesen? Er ist darauf angewiesen, um seine Aufgabe, seine Mission in unserem fünften nachatlantischen Zeitraum zu erreichen, sich zu behaupten, sich nicht einschläfern zu lassen. Er ist gerade für seine Stellung in der Zeit angewiesen, die antisozialen Triebe zu entwickeln. Und es würde nicht die Aufgabe unseres Zeitraums vom Menschen erreicht werden können, wenn nicht gerade die antisozialen Triebe, durch die der Mensch sich auf die Spitze seiner eigenen Persönlichkeit stellt, immer mächtigere und mächtigere werden. Die Menschheit hat heute noch gar keine Ahnung davon, wie mächtig immerwährend bis ins dritte Jahrtausend hinein die antisozialen Triebe sich entwickeln müssen. Gerade damit der Mensch sich richtig auswächst, müssen die antisozialen Triebe sich entwickeln.

In früheren Zeitaltern war die Entwickelung der antisozialen Triebe nicht das geistige Lebensbrot der Menschheitsentwickelung. Daher brauchte man ihnen kein Gegengewicht zu setzen und setzte ihnen auch kein solches. In unserer Zeit, wo der Mensch um seiner selbst willen, um seines einzelnen Selbstes willen die antisozialen Triebe ausbilden muß – die sich schon ausbilden, weil der Mensch eben der Entwickelung unterworfen ist, gegen die sich nichts machen läßt –, da muß dasjenige kommen, was der Mensch den antisozialen Trieben nun entgegensetzt: eine solche soziale Struktur, durch die das Gleichgewicht dieser Entwickelungstendenz gehalten wird. Innen müssen die antisozialen Triebe wirken, damit der Mensch die Höhe seiner Entwickelung erreicht; außen im gesellschaftlichen Leben muß, damit der Mensch nicht den Menschen verliert im Zusammenhange des Lebens, die soziale Struktur wirken. Daher die soziale Forderung in unserer Zeit. Die soziale Forderung in unserer Zeit ist gewissermaßen nichts anderes als das notwendige Gegengewicht gegen die innere Entwickelungstendenz der Menschheit.

Sie sehen daraus zugleich, daß mit einseitiger Betrachtung überhaupt nichts getan ist. Denn denken Sie einmal, daß, so wie die Menschen nun einmal leben, gewisse Worte – ich will gar nicht sprechen von Ideen oder Empfindungen –, gewisse Worte «Wertigkeit», bestimmte Valeurs bekommen. Nun ja, «antisozial», das bekommt so etwas, was einen antipathisch anmutet, man betrachtet das als etwas Böses. Schön, nur kann man sich nicht viel darum kümmern, ob das als etwas Böses betrachtet wird oder nicht, da es etwas Notwendiges ist, da es – sei es bös, sei es gut – eben in unserem Zeitraum gerade mit den notwendigen Entwickelungstendenzen des Menschen zusammenhängt. Und wenn jemand dann auftritt und sagt, die antisozialen Triebe sollen bekämpft werden, so ist das ein ganz gewöhnlicher Unsinn, denn sie können nicht bekämpft werden. Sie müssen, nach der ganz gewöhnlichen Entwickelungstendenz der Menschheit, gerade das Innere des Menschen in unserer Zeit ergreifen. Nicht darum handelt es sich, Rezepte zu finden, um die antisozialen Triebe zu bekämpfen, sondern darauf kommt es an, die gesellschaftlichen Einrichtungen, die Struktur, die Organisation desjenigen, was außerhalb des menschlichen Individuums liegt, was das menschliche Individuum nicht umfaßt, so zu gestalten, so einzurichten, daß ein Gegengewicht da ist für dasjenige, was im Innern des Menschen als antisozialer Trieb wirkt. Daher ist es so notwendig, daß der Mensch in diesem Zeitraum mit seinem ganzen Wesen ausgegliedert wird von der sozialen Ordnung. Sonst kann das eine und das andere nicht rein sein.

Sehen Sie, in früheren Zeitaltern hatte man Stände, hatte man Klassen. Unser Zeitalter strebt über die Stände, strebt über die Klassen hinaus. Unser Zeitalter kann nicht mehr die Menschen in Klassen einteilen, sondern es muß den Menschen in seiner Gesamtheit gelten lassen und in eine solche soziale Struktur hineinstellen, daß nur das von ihm Abgesonderte sozial gegliedert ist. Deshalb sagte ich gestern im öffentlichen Vortrag: Im griechisch-lateinischen Zeitalter konnte noch das Sklaventum herrschen, da war der eine der Herr, der andere der Sklave, da waren die Menschen eingeteilt. Heute haben wir als Rest gerade dasjenige, was den Proletarier in solche Aufregung versetzt: daß seine Arbeitskraft Ware ist, daß also etwas, was in ihm ist, noch äußerlich organisiert ist. Das muß weg. Und nur dasjenige kann sozial gegliedert werden, was nicht am Menschen hängt: seine Position, der Ort, an den er hingestellt ist; nicht etwas, was in ihm selbst ist.

40

Das alles, was man in dieser Weise erkennt mit Bezug auf die notwendige Entwickelung des sozialen Lebens, das muß man wirklich heute so auffassen, daß so wie zum Beispiel der Mensch keinen Anspruch hat, rechnen zu können, wenn er nie das Einmaleins gelernt hat, er ebensowenig einen Anspruch darauf hat, in bezug auf Sozialreformen und dergleichen mitzureden, wenn er niemals solche Dinge gelernt hat, wie wir sie zum Beispiel jetzt auseinandersetzen: daß es Sozialismus und Antisozialismus gibt in der Weise, wie wir es jetzt konkret charakterisierten. Die Menschen, die heute oftmals an den wichtigsten Stellen unserer staatlichen oder sozialen Organisationen anfangen, von sozialen Forderungen zu reden, die kommen dem Wissenden vor wie Leute, die anfangen wollen, eine Brücke über einen reißenden Strom zu bauen, und die niemals auch nur gelernt haben den Satz von dem Parallelogramm der Kräfte oder dergleichen! Sie mögen ja eine Brücke bauen, diese Leute, aber sie wird bei der ersten Gelegenheit einstürzen. Und so kommen einem die sozialen Führer, oder auch jene, die andere soziale Einrichtungen heute pflegen, vor: ihre Einrichtungen werden bei der nächsten Gelegenheit sich als unmöglich erweisen, denn die Dinge erfordern, daß wir mit der Wirklichkeit arbeiten und nicht gegen sie. Das ist so unendlich wichtig, daß endlich einmal ernst gemacht wird mit dem, was ja, ich möchte sagen, der Grundnerv unserer anthroposophisch orientierten Geistesartung ist.

Einer von den Impulsen, die uns beseelen auf dem Gebiete unserer anthroposophischen Bewegung, ist doch der, daß wir gewissermaßen das, was die meisten Menschen nur für die erste Jugend gelten lassen, ins ganze Menschenleben hineintragen: Wir setzen uns, wenn wir vielleicht sogar längst grau geworden sind, noch auf die Schulbank, auf die Schulbank des Lebens allerdings. Das ist auch einer der Unterschiede, den wir machen gegenüber jenen Menschen draußen, welche glauben, daß sie, wenn sie bis zum fünfundzwanzigsten, sechsundzwanzigsten Jahre gebummelt und gebummelt – nein, ich will sagen, Kollegs belegt, nein, Kollegs studiert haben –, dann für das ganze Leben fertig seien! Dann gibt es ja höchstens noch ein höheres Selbstamusement, nicht wahr, und dergleichen, durch das man sich das eine oder das andere noch aneignet. Aber das ist dasjenige, was uns gründlich als Empfindung vor die Seele tritt, indem wir uns dem Nerv der geisteswissenschaftlichen Bewegung nähern: daß der Mensch wirklich sein ganzes Leben hindurch zu lernen hat, wenn er den Aufgaben dieses Lebens gewachsen sein will. Das ist so sehr wichtig, daß wir auch mit dieser Empfindung uns durchdringen. Wenn nicht gebrochen wird mit dem Glauben, daß man durch die Anlagen, die man entwickelt bis zum zwanzigsten oder fünfundzwanzigsten Jahre, schon alles beherrschen kann, daß man dann nur zusammenzukommen braucht in den Parlamenten oder sonstwo, und über alles entscheiden kann, solange nicht gebrochen wird mit dieser Anschauung, mit dieser Empfindung, solange kann nicht irgend etwas Heilsames in der sozialen Struktur der Menschen zustandekommen.

Das Wechselverhältnis von Sozialem und Antisozialem zu studieren, das ist gerade für unsere Tage außerordentlich bedeutsam. Das Antisoziale können wir aber bloß studieren, denn es liegt, wie ich auseinandergesetzt habe, in der Entwickelung unseres Zeitraums, daß dieses Antisoziale gerade zum Wichtigsten gehört, was sich Geltung verschaffen soll, und sich in uns selber zu entwickeln hat. Dieses Antisoziale kann nur in einem gewissen Gleichgewicht gehalten werden von dem Sozialen; aber das Soziale muß gepflegt werden, muß bewußt gepflegt werden. Und das wird in unserem Zeitalter in der Tat immer schwieriger und schwieriger, weil das andere, das Antisoziale, eigentlich das Natürliche ist. Das Soziale ist das Notwendige, das muß gepflegt werden. Und man wird sehen, daß in diesem fünften nachatlantischen Zeitraum eine Tendenz vorhanden ist, das Soziale gerade außer acht zu lassen, wenn man sich bloß sich selbst überläßt, wenn man nicht aktiv eingreift, wenn man nicht mittut in Seelentätigkeit. Was notwendig ist und was sehr bewußt erworben werden muß, während es früher instinktiv sich im Menschen geltend machte, das ist gerade das Interesse von Mensch zu Mensch. Der Grundnerv allen sozialen Lebens ist das Interesse von Mensch zu Mensch.

Es erscheint heute noch fast paradox, wenn man sagt: Die Menschen werden über die sogenannten schwierigen nationalökonomischen Begriffe keinen Aufschluß gewinnen, wenn nicht das Interesse von Mensch zu Mensch wächst, wenn nicht die Menschen anfangen,

42

die Scheingebilde, welche im sozialen Leben herrschen, mit den Wirklichkeiten zu verbinden. Sehen Sie, wer denkt so ohne weiteres daran, daß einfach durch die Gliedlichkeit, in der er in der sozialen Ordnung drinnensteht, er eigentlich immer in einem komplizierten Verhältnis von Mensch zu Mensch ist? Nehmen Sie an, Sie haben eine Hundertfranken-Note in der Tasche und Sie verwenden diese Hundertfranken-Note, indem Sie an einem Vormittag gehen und einkaufen, soviel einkaufen, daß Sie diese Hundertfranken-Note ausgeben. Ja, was bedeutet das, daß Sie mit einer Hundertfranken-Note in der Tasche ausgehen? Die Hundertfranken-Note ist eigentlich ein Scheingebilde, ist in Wirklichkeit gar nichts wert und wäre es auch nicht, selbst wenn es Metallgeld wäre. Ich will heute nicht von den Metallisten und Nominalisten auf dem Gebiete der Geldtheorie sprechen; aber selbst wenn es ein Metallgeld ist, ist es eigentlich ein Scheingebilde, eigentlich gar nichts wert. Geld schaltet sich nämlich ein zwischen zwei anderen Dingen, und nur dadurch, daß eine gewisse soziale Ordnung, in unserer Zeit eben eine rein staatliche Ordnung besteht, dadurch ist diese Hundertfranken-Note, die Sie haben, und die Sie am Vormittag ausgeben für die verschiedensten Dinge, nichts anderes als der Äquivalenzwert für soundso viele Arbeitstage soundso vieler Menschen. Soundso viele Menschen müssen soundso viele Arbeitstage absolvieren, soundso viel menschliche Arbeit muß einfließen in die menschliche soziale Ordnung, sich kristallisieren in Ware, damit überhaupt der Scheinwert einer Banknote zu einem wirklichen Wert wird – aber nur per Befehl der sozialen Ordnung. Die Banknote gibt Ihnen nur die Macht, soundso viel Arbeit in Ihren Dienst zu stellen, respektive über soundso viel Arbeit zu gebieten. Wenn Sie im Geiste das Bild vor sich haben: Da habe ich die Banknote, sie überträgt mir kraft der sozialen Position, in der ich drinnenstehe, die Macht über soundso viel Arbeiter, und wenn Sie jetzt sehen: Stunde für Stunde im Tag verkaufen andere die Arbeit dieser Arbeiter als Äquivalenzwert, als realen Äquivalenzwert dessen, was Sie in Ihrer Geldbörse als Hundertfranken-Note haben: dann haben Sie erst das Bild des Wirklichen.

So kompliziert sind unsere Verhältnisse geworden, daß wir ja auf diese Dinge gar nicht mehr achten, insbesondere wenn sie nicht so naheliegen. Ich habe ein naheliegendes Beispiel, wo die Sache leicht ist, ins Auge gefaßt. Bei dem schwierigeren Nationalökonomischen von Kapital und Rente und Kredit, wo die Sache ganz kompliziert liegt, da wissen nicht einmal die Universitätsprofessoren Bescheid, die Nationalökonomen meine ich, deren Amt es wäre, Bescheid zu wissen. Daraus können Sie schon entnehmen, wie in diesen Dingen gar wohl notwendig ist, daß die Dinge nun richtig angeschaut werden. Wir können uns natürlich nicht gleich heute damit befassen, die National-ökonomie, die in einen hilflosen Zustand hineingetrieben ist durch das, was man heute lernt als Student der Nationalökonomie, zu refor-mieren. Aber wir können uns wenigstens fragen in bezug auf Volks-pädagogik und dergleichen: Was ist vonnöten, damit das soziale Leben bewußt dem innerlichen antisozialen Leben entgegengestellt werden könne? Was ist da vonnöten? Ich sagte, es sei schwierig in unserer Zeit, das rechte Interesse von Mensch zu Mensch zu finden. Sie haben nicht das rechte Interesse, wenn Sie glauben, Sie können sich für eine Hundertfranken-Note etwas kaufen, und denken nicht daran, daß dies ein soziales Verhältnis bedingt zu soundso vielen Menschen und ihren Arbeitskräften. Erst dann haben Sie das rechte Interesse, wenn Sie jede solche Scheinhandlung, wie das Eintauschen von Waren für eine Hundertfranken-Note, durch die wirkliche Handlung, die mit ihr verbunden ist, ersetzen können in Ihrem Bilde.

Sehen Sie, die bloßen, ich möchte sagen, egoistischen, das Herz erwärmenden Redereien davon, daß wir unsere Mitmenschen lieben und diese Liebe ausführen, wenn wir gerade die allernächste Gelegen-heit dazu haben, die machen das soziale Leben nicht aus. Diese Liebe ist zumeist eine furchtbar egoistische Liebe. Gar mancher unterstützt von dem, was er erst, man kann sagen erbeutet, in patriarchalischer Weise seine Mitmenschen, um sich dadurch ein Objekt zu schaffen für seine Selbstliebe, weil er sich da recht innerlich wärmen kann in dem Gedan-ken: Du tust das, du tust das. Man kommt nicht darauf, wie ein großer Teil der sogenannten Wohltätigkeitsliebe maskierte Selbstliebe ist.

Darum handelt es sich nicht, daß man bloß dieses Allernächste, eigentlich unserer Eigenliebe Frönende ins Auge faßt, sondern darum handelt es sich, daß man sich verpflichtet fühlt, den Blick hinzulenken auf die mannigfaltig verästelte soziale Struktur, in der wir drinnenstehen. Dazu müssen wir wenigstens die Grundlagen schaffen. Diese Grundlagen zu schaffen, sind heute sogar die wenigsten Menschen geneigt.

Ich möchte wenigstens vom Standpunkte der Volkspädagogik einen Satz besprechen, und das ist der: Wie können wir überhaupt den sich auf naturgemäße Weise entwickelnden antisozialen Trieben die sozialen Triebe entgegenstellen, bewußt entgegenstellen? Wie können wir sie so kultivieren, daß sich wirklich in uns anspinnt und immer weiter- und weitergeht und uns keine Ruhe läßt, wenn es nicht weitergeht, das Interesse von Mensch zu Mensch, das gerade in unserem Zeitalter der Bewußtseinsseele furchtbar geschwunden ist? Es sind ja Abgründe in unserem Zeitalter schon aufgerissen zwischen Mensch und Mensch! In einer Weise, wie es die Menschen gar nicht ahnen, gehen sie heute aneinander vorbei, ohne sich im geringsten zu verstehen. Die Sehnsucht, wirklich einzugehen auf den anderen Menschen, auf seine besondere Eigentümlichkeit, die ist heute eine sehr geringe. Wir haben auf der einen Seite den Schrei der Sozialität und auf der anderen Seite immer mehr und mehr das Einreißen des reinen antisozialen Triebes. Wie blind heute die Menschen aneinander vorbeigehen, das sieht man dann, wenn diese Menschen in den mannigfaltigsten Gesellschaften und Sozietäten sich vereinigen. Die sind heute oftmals für die Menschen durchaus nicht eine Gelegenheit, Menschenkenntnis sich zu erwerben. Die Menschen können heute jahrelang mit anderen Menschen zusammensein und sie nicht genauer kennen als sie sie kannten, als sie mit ihnen bekannt geworden sind. Gerade das ist notwendig, daß man, ich möchte sagen, in systematischer Weise in Zukunft zu dem Antisozialen das Soziale bringt. Innerlich-seelisch gibt es dafür verschiedene Mittel, unter anderem, wenn wir versuchen, öfter einmal im Leben auf unser eigenes diesmaliges Leben, auf die diesmalige Inkarnation zurückzublicken, wenn wir zu überschauen versuchen dasjenige, was sich abgespielt hat in unserem Leben zwischen uns und anderen Menschen, die in dieses Leben hereingetreten sind. Wenn wir da ehrlich sind heute, werden wir uns, wenigstens die meisten Menschen, sagen: Dieses Hereintreten von vielen Menschen in unser Leben, das betrachten wir heute doch zumeist so, daß wir unsere eigene Person auch in den Mittelpunkt unserer Lebensrückschau stellen. Was haben wir gehabt von dieser oder jener Person, die in unser Leben eingetreten ist? Das fragen wir uns ganz empfindungsgemäß. Das ist gerade etwas, was wir bekämpfen sollten. Wir sollten versuchen, im Bilde auftauchen zu lassen vor unserer Seele die Personen, die als Lehrer, Freunde, sonstige Förderer in unser Leben eingriffen, oder solche Personen, die uns geschädigt haben und denen wir von gewissen Gesichtspunkten aus manchmal mehr verdanken als jenen, die uns genützt haben. Diese Bilder sollten wir vor unserer Seele vorüberziehen lassen, uns ganz lebendig vorstellen, was jeder an unserer Seite für uns getan hat. Und wir werden sehen, wenn wir auf diese Weise verfahren, daß wir allmählich uns selber vergessen lernen, daß wir finden, wie eigentlich fast alles, was an uns ist, gar nicht da sein könnte, wenn nicht diese oder jene Personen fördernd oder lehrend, oder sonst irgendwie in unser Leben eingegriffen hätten. Dann erst, namentlich wenn wir zurückschauen auf länger vergangene Jahre und auf die Personen, mit denen wir vielleicht nicht mehr in Beziehung stehen, denen gegenüber wir leichter zur Objektivität kommen, wird sich uns zeigen, wie die seelische Substanz unseres Lebens aufgesogen wird von dem, was auf uns Einfluß genommen hat. Unser Blick erweitert sich über eine Schar, die im Laufe der Zeit an uns vorübergegangen ist. Wenn wir versuchen, Sinn dafür zu entwickeln, wieviel wir zu danken haben der einen oder der anderen Person, versuchen, in dieser Weise uns selber im Spiegel derjenigen zu sehen, die im Laufe der Zeit auf uns gewirkt haben und mit uns zusammen waren, dann löst sich allmählich – wir werden das erfahren können – ein Sinn von uns los, der im folgenden besteht: Weil wir uns geübt haben, Bilder von in der Vergangenheit mit uns zusammenhängenden Persönlichkeiten zu finden, so löst sich von unserer Seele ein Sinn los, nun auch dem Menschen gegenüber zu einem Bilde zu kommen, dem wir in der Gegenwart gegenübertreten, dem wir dann von Angesicht zu Angesicht in der Gegenwart gegenüberstehen. Und das ist das ungeheuer Wichtige, daß in uns der Trieb erwacht, nicht bloß den Menschen, wenn wir ihm gegenüberstehen, nach Sympathien und Antipathien zu empfinden, nicht bloß in uns den Trieb erwachen zu lassen, irgend etwas am Menschen zu lieben oder zu hassen, sondern ein liebe- und haßfreies Bild, wie der Mensch ist, in uns zu erwecken. Sie werden vielleicht nicht empfinden, daß das, was ich jetzt sage, etwas ungeheuer Wichtiges ist. Es ist etwas Wichtiges. Denn diese Fähigkeit, ohne Haß und Liebe ein Bild des anderen Menschen in sich gegenwärtig zu machen, den anderen Menschen seelisch in sich auferstehen zu lassen, das ist eine Eigenschaft, die mit jeder Woche in der Entwickelung der Menschen, ich möchte sagen, mehr oder weniger dahinschwindet, das ist etwas, was die Menschen nach und nach ganz verlieren. Sie gehen aneinander vorbei, ohne daß der Trieb in ihnen erwacht, den anderen Menschen in sich auferwachen zu lassen. Das ist aber etwas, was bewußt gepflegt werden muß. Das ist etwas, was auch in die Kinder- und Schulpädagogik einziehen muß: diese Fähigkeit, am Menschen das imaginative Vermögen zu entwickeln. Denn am Menschen können wir zunächst wirklich das imaginative Vermögen entwickeln, wenn wir uns nicht scheuen, statt dessen, was heute in den Sensationen des Lebens angestrebt wird, still in uns selbst jene Rückschau zu machen, die uns die vergangenen Beziehungen zu den Menschen vor die Seele stellt. Dann werden wir auch in die Lage kommen, imaginativ uns zu verhalten zu den Menschen, die in der Gegenwart uns gegenübertreten. Dann stellen wir den sozialen Trieb dem entgegen, was sich ganz notwendig und unbewußt immer mehr entwickelt: dem antisozialen Trieb. Das ist das eine.

Das andere ist etwas, was mit dieser Rückschau der Beziehungen zu Personen verknüpft werden kann: daß wir versuchen, uns selber immer objektiver zu werden. Da müssen wir wiederum in frühere Zeiten zurückgehen. Da können wir aber, ich möchte sagen, direkt losgehen auf die Tatsachen selbst, zum Beispiel darüber nachdenken, wenn Sie, sagen wir, dreißig, vierzig Jahre alt sind: Ja, wie war es denn damals, als ich zehn Jahre alt war? Ich will mich zuerst einmal so ganz in der Situation drinnen vorstellen, ich will mich so vorstellen, wie wenn ich einen anderen zehnjährigen Jungen oder ein zehnjähriges Mädchen mir vorstelle; ich will einmal vergessen, daß ich das gewesen bin, ich will mich wirklich bemühen, mich zu verobjektivieren. Dieses Sich-Verobjektivieren, dieses sich in der Gegenwart loslösen von seiner Vergangenheit, dieses Herausschälen des Ich aus seinen Erlebnissen, das müssen wir in der Gegenwart besonders anstreben; denn die Gegenwart hat die Tendenz, das Ich immer mehr und mehr zu verknüpfen mit den Erlebnissen. Heute will der Mensch ganz instinktiv das sein, was ihm seine Erlebnisse geben. Deshalb ist es ja so schwer, die Aktivität zu erlangen, welche die Geisteswissenschaft gibt. Da muß man jedesmal neu den Geist anstrengen, da kann man sich nicht aufs Behalten verlegen. – Sie werden ja auch wirklich bemerken: mit dem Behalten, mit dem bequemen Behalten läßt sich in der wahren Geisteswissenschaft nichts machen. Man vergißt die Dinge, muß sie immer wieder pflegen; das ist aber gerade gut, das ist gerade das Richtige, daß man sich immer von neuem anstrengen muß. Derjenige nämlich, der recht fortgeschritten ist gerade in bezug auf das geisteswissenschaftliche Gebiet, der versucht jeden Tag, die allerelementarsten Dinge sich vor Augen zu führen; die andern schämen sich, dies zu tun. In der Geisteswissenschaft soll nichts davon abhängen, daß man sich die Sache gedächtnismäßig merkt, weil ja alles darauf ankommt, daß man es im unmittelbaren Erleben der Gegenwart anfaßt. Und so handelt es sich darum, daß wir uns gerade zu dieser Fähigkeit hinordnen dadurch, daß wir uns verobjektivieren, daß wir uns diesen Kerl oder diese Kerlin so vorstellen, als wenn es ein uns fremdes Wesen in früheren Lebensaltern wäre, uns immer mehr bemühen, loszukommen von den Erlebnissen, immer weniger und weniger als Dreißigjähriger noch so zu sein, daß eigentlich nur die Impulse des Zehnjährigen noch nachspuken. Uns loslösen von unserer Vergangenheit, das ist nicht etwas, was unsere Vergangenheit verleugnen heißt – wir gewinnen sie auf andere Weise wiederum zurück; aber das ist etwas, was ungeheuer wichtig ist. Also auf der einen Seite pflegen wir bewußt den sozialen Trieb, den sozialen Impuls, indem wir uns die Imaginationen für den Menschen der Gegenwart verschaffen dadurch, daß wir auf die Menschen, die in der Vergangenheit in Beziehung mit uns gewesen sind, hinsehen und uns selber seelisch wie das Produkt dieser Menschen ansehen. Auf der anderen Seite gewinnen wir durch unsere Verobjektivierung die Möglichkeit, direkt die Imagination von uns selbst zu entwickeln. Diese Verobjektivierung in frühere Zeiten nützt uns dann, wenn sie nicht unbewußt in uns wirkt. Denken Sie nur: Wenn unbewußt der zehnjährige Kerl oder die zehnjährige Kerlin in Ihnen weiterwirkt, so sind Sie, der Dreißigjährige oder Vierzigjährige, vermehrt um den Zehnjährigen; aber Sie sind auch vermehrt um den Elf-, Zwölfjährigen und so weiter. Der Egoismus ist ungeheuer potenziert. Er wird immer geringer und geringer, wenn Sie das Frühere von sich absondern, wenn Sie es verobjektivieren, wenn es mehr Gegenstand wird. Das ist das, was bedeutungsvoll ist, was wir ins Auge fassen müssen.

Und so wird Grundvoraussetzung sein – das sollte heute eigentlich dem Volke, das unverständig, in illusionistischer Weise soziale Forderungen erhebt, immer klarer und klarer gemacht werden –: Es sollte Einsicht herrschen, wie der Mensch erst sich selber zum sozial wirkenden Wesen macht in dem Zeitalter, in dem gerade die antisozialen Triebe zur Erhöhung der Menschennatur herauskommen müssen.

Was wird dann geschaffen? Die ganze Bedeutung dessen, was ich jetzt auseinandergesetzt habe, finden Sie, wenn Sie folgendes bedenken. Sehen Sie, 1848, da erschien die erste gewissermaßen wirksame Schrift, die heute nachwirkt selbst im radikalsten Sozialismus, im Bolschewismus: «Das Kommunistische Manifest» von *Karl Marx*, worin zusammengefaßt war dasjenige, was in den Köpfen und auch in den Herzen des Proletariers vielfach herrscht. Karl Marx hat die proletarische Welt zu erobern vermocht aus dem einfachen Grunde, weil er das gesagt hat, was der Proletarier versteht, was er dadurch, daß er proletarisch ist, denkt. 1848 ist dieses «Kommunistische Manifest», dessen Inhalt ich Ihnen nicht auseinanderzusetzen brauche, erschienen. Es war das erste Dokument, die erste Aussaat zu dem, was jetzt, nachdem andere widerstrebende Dinge zerstört worden sind, eben als Frucht aufgeht. Ein Wort enthält dieses Dokument, einen Satz, den Sie heute fast in jeder sozialistischen Schrift zitiert finden: «Proletarier aller Länder, vereinigt euch!» Das ist ein Satz, der durch alle möglichen sozialistischen Vereinigungen ging: «Proletarier aller Länder, vereinigt euch!» Was drückt er denn aus? Er drückt aus das Aller-

allerunnatürlichste, das man sich für unser Zeitalter denken kann. Er drückt aus einen Impuls für die Sozialisierung, für die Vereinigung einer gewissen Menschenmasse. Worauf soll diese Vereinigung, diese Sozialisierung gebaut werden? Auf den Gegensatz, auf den Haß gegen diejenigen, die nicht Proletarier sind. Die Sozialisierung, das Zusammensein der Menschen, soll gebaut werden auf dem Auseinandersein! Sie müssen das nur bedenken, und Sie müssen die Realität dieses Prinzips verfolgen in dem, was heute als reale Illusion – wenn ich den Ausdruck gebrauchen darf, Sie werden ihn verstehen – zuerst in Rußland aufgetreten ist, jetzt auch in Deutschland, in den österreichischen Ländern, und immer weiter- und weiterfressen wird. Deshalb ist es das Unnatürlichste, weil es auf der einen Seite ausdrückt die Notwendigkeit der Sozialisierung und auf der andern Seite diese Sozialisierung gerade gebaut wird auf dem antisozialsten Instinkt, nämlich dem Klassenhaß, dem Klassengegensatz.

Solche Dinge muß man aber eben nur im höheren Lichte betrachten, sonst kommt man nicht weit; sonst kommt man vor allen Dingen nicht zu einem heilsamen Eingreifen in den Gang der Menschheitsentwickelung an dem Platze, an dem man steht. Und es gibt heute kein Mittel außer der Geisteswissenschaft, diese Dinge wirklich im umfassenden Sinne zu sehen, das heißt seine Zeit zu verstehen. Geradeso wie man sich davor scheut, einzugehen auf das, was als Geist und Seele dem physischen Menschen zugrunde liegt, so scheut man sich, so will man auch – weil man Furcht hat, mutlos ist – nicht eingehen auf dasjenige, was man im sozialen Leben nur mit dem Geist erfassen kann. Die Leute fürchten sich davor, machen sich Binden vor die Augen, stecken, wie der Vogel Strauß, den Kopf in den Sand vor solchen allerdings sehr realen, bedeutungsvollen Dingen: daß wenn Mensch dem Menschen gegenübersteht, der eine Mensch immer einzuschläfern bemüht ist, und der andere Mensch sich immerfort aufrecht erhalten will. Das ist aber, um im Goetheschen Sinne zu sprechen, das Urphänomen der Sozialwissenschaft. Aber es greift hinaus über dasjenige, was ein bloß materialistisches Denken zu wissen vermag, es greift hinein in dasjenige, was nur erfaßt werden kann, wenn man weiß, daß man im menschlichen Leben nicht nur schläft, wenn man auf der faulen Haut liegt und grobklotzig schläft, stundenlang schläft, sondern daß auch in das sogenannte wache Leben fortwährend die Tendenz des Schlafens hineinspielt, daß eigentlich dieselben Kräfte, die uns morgens aufwachen und abends einschlafen lassen, fortwährend im alleralltäglichsten Leben spielen und in ihrem Spiele mitverwirklichen das Soziale und Antisoziale. Es kann nichts werden aus allem Denken über menschliche soziale Ordnung, es kann nichts werden aus der einzelnsten Einrichtung, wenn man sich nicht bemüht, diese Dinge wirklich ins Auge zu fassen.

Von diesem Gesichtspunkte ausgehend ist es notwendig, auch vor den sich über die Erde verbreitenden Tatsachen den Blick nicht blind zu machen für diese Tatsache, sondern hinzuschauen auf dasjenige, was über die Erde zieht. Der Sozialist von heute, was denkt er? Er denkt, er kann soziale Maximen, sozialistische Maximen ausdenken, oder die Menschen über alle Länder der Erde aufrufen: «Proletarier aller Länder, vereinigt euch!», und dann muß es möglich sein, über die ganze Erde international, wie man heute sagt, so eine Art Paradies herzustellen. / 9.08.90

Nun, das ist eine der größten Illusionen, und eine der verderblichsten, die es geben kann! Die Menschen sind nicht nur der abstrakte Mensch, sondern sie sind konkrete Menschen. Dasjenige, was zugrunde liegt, ist, daß jeder Mensch eine Individualität ist. Das versuchte ich geltend zu machen in meiner «Philosophie der Freiheit» gegenüber dem nivellierenden Kantianismus und Sozialismus. Aber die Menschen sind auch nach Gruppen über die Erde hin differenziert. Und eine dieser Differenzierungen wollen wir besprechen, damit wir sehen können, daß man nicht einfach sagen kann: Du fängst im Westen an, und führst durch den Osten und über die ganze Erde hin eine gewisse soziale Ordnung durch, bis du wieder zurückkommst. Wie man eine Weltreise gemacht hat in früheren Zeiten, so möchte man den Sozialismus heute über die ganze Erde verbreiten, und man betrachtet die Erde als eine Kugel, wo man, wenn man im Westen anfängt, im Osten ankommt. Die Menschen sind über die Erde hin differenziert, und in der Differenzierung lebt gerade wiederum ein Impuls, wenn ich den Ausdruck gebrauchen darf, ein Motor des Fortschritts. In dieser Weise sehen Sie es veranlagt, daß gerade ganz besonders die Bewußtseinsseele zum Ausdruck kommen muß in unserem Zeitalter. Ich möchte sagen: Durch ihr Blut, durch ihre Geburtsanlagen, durch ihre Vererbungsanlagen darauf eingerichtet, daß der Menschheit die Bewußtseinsseele eingeprägt wird, sind eigentlich nur die Menschen der englisch sprechenden Bevölkerung in unserer Zeit. So ist einmal die Menschheit differenziert. Die Menschen der englisch sprechenden Bevölkerung sind heute dafür besonders veranlagt, die Bewußtseinsseele auszubilden, so daß sie in einer gewissen Weise die repräsentativen Menschen für diese fünfte nachatlantische Zeit sind; sie sind dafür ausgebildet.

Die Menschen des Ostens müssen in anderer Weise die richtige Entwickelung der Menschheit repräsentieren, bewirken. Bei den Menschen des Ostens, schon beginnend bei der russischen Bevölkerung, dann mit dem ganzen asiatischen Hintervolke, das nur die Nachschübe bilden wird, ist es so, daß nun gerade ein Anstürmen, ein Sichsträuben gegen dieses Instinktiv-Selbstverständliche in der Entwickelung der Bewußtseinsseele stattfindet. Die Menschen des Ostens wollen dasjenige, was das hauptsächlichste Seelenvermögen in unserer Zeit ist, den Intellekt, nicht mit Erlebnissen vermischen; das wollen sie loslösen und es aufsparen für das folgende Zeitalter, für den sechsten nachatlantischen Zeitraum, wo dann ein Zusammenschluß stattfinden soll, nun nicht mit dem Menschen, wie er heute ist, sondern mit dem dann entwickelten Geistselbst. Also während die charakteristische Kraft unseres Zeitraumes wegen der Zeitentwickelung gerade vom Westen aus da ist, und zwar von der englisch sprechenden Bevölkerung besonders kultiviert werden kann, sind wiederum die Menschen des Ostens als Volkstum – der Einzelne ist damit nicht gemeint, er ragt als eine Individualität immer aus seinem Volkstum heraus, es handelt sich ums Volkstum – dazu da, gerade das nicht aufkommen zu lassen in ihren Seelenkräften, was das Charakteristische des Zeitraums ist, damit sich keimhaft in ihnen dasjenige entwickeln kann, was erst für den folgenden Zeitraum, der im vierten Jahrtausend beginnen wird, das ganz besonders Maßgebende ist. So ist das einmal, daß im Menschenleben und Menschenwesen Gesetzmäßigkeit ist. In bezug auf die Natur wundern sich die Menschen heute nicht, daß sie, sagen wir, Eis nicht anzünden können, daß da alles einer Gesetzmäßigkeit unterliegt. Aber in bezug auf die soziale Struktur der Menschheit, da glauben die Menschen, daß man in Rußland zum Beispiel nach denselben sozialen Grundsätzen eine soziale Struktur bewirken kann wie in England oder Schottland oder gar in Amerika. Das kann man nicht; denn die Welt ist gesetzmäßig organisiert, und nicht so, daß man willkürlich überall alles tun kann. Das ist dasjenige, was ins Auge zu fassen ist.

Und in den Mittelländern ist nun eben gerade der mittlere Zustand. Da ist es so, daß man, wie man sagen könnte, in einem labilen Gleichgewichte ist nach der einen und nach der anderen Seite hin. So daß Sie die Bevölkerung über die Erde hin dreigegliedert haben. Sie können nicht sagen: «Proletarier aller Länder, vereinigt euch!», denn diese Proletarier sind auch dreigliedrig differenziert. Dreigliedrig ist die Bevölkerung. Sehen wir noch einmal die Bevölkerung des Westens an, so finden wir für alle, die englisch sprechen – als Volkstum, der Einzelne kann sich sehr herausheben –, eine besondere Begabung, eine besondere Veranlagung, eine besondere Mission, diese Bewußtseinsseele auszubilden, das heißt, im Zeitalter der Bewußtseinsseele die charakteristischen Eigenschaften in dem Seelenglied nicht loszureißen, sondern die Ausbildung der Intelligenz, die besondere Eigenheit der Intelligenz mit den Erlebnissen zu verbinden. Selbstverständlich, instinktiv, möchte ich sagen, triebmäßig sich in die Welt hineinzustellen als Bewußtseinsseelenmensch, darauf beruht die ganze Größe in der Ausbreitung des Britischen Reiches! Darinnen liegt das Urphänomen in der Ausbreitung des Britischen Reiches, daß dasjenige, was in der Anlage seiner Menschen beruht, gerade zusammenfällt mit dem innersten Impuls dieses Zeitalters. Sie wissen, das Wesentliche über das alles finden Sie schon in meinem Vortragszyklus über die europäischen Völkerseelen, da ist ja alles dieses schon enthalten, in jenem Vortragszyklus, der lange vor dem Kriege gehalten worden ist, und der eigentlich das wesentlichste Material zur objektiven Beurteilung dieser kriegerischen Katastrophe bietet.

Nun bedingt gerade diese Veranlagung, die mit der Entwickelung der Bewußtseinsseele zusammenhängt, daß bei der englisch sprechenden Bevölkerung vorliegt die besondere Geeignetheit für das politische Leben. Man kann studieren, wie die politische Art, Gesellschaften, Strukturen einzuteilen, sich von England aus überall hin verbreitet hat, wo aus dem älteren vierten nachatlantischen Zeitraum die Dinge geblieben sind – die sind, so wie sie da sind, zurückgeblieben – bis in die ungarische Komitateneinteilung mit dem Obergespan an der Spitze; also bis in diese turanischen Volksglieder Europas hinein hat sich verbreitet dieses politische Denken Englands, weil eben nur aus diesem Blute heraus dieses politische Denken des fünften nachatlantischen Zeitraums kommen kann. Für Politik sind diese Leute besonders veranlagt. Es hilft nicht, heute ein Urteil zu fällen über diese Dinge – da entscheiden nur Notwendigkeiten. Es kann einem sympathisch oder antipathisch sein, das ist Privatangelegenheit. Für die Angelegenheiten der Welt aber entscheiden objektive Notwendigkeiten. Es ist wichtig, sich diese objektiven Notwendigkeiten gerade heute im Zeitalter der Bewußtseinsseele vor Augen zu führen.

Goethe hat in seinem «Märchen von der grünen Schlange und der schönen Lilie» die Kräfte, die in der menschlichen Seele sind, als drei Glieder angeführt: Gewalt, Schein oder Erscheinung, Erkenntnis und Weisheit – der eherne König, der silberne König, der goldene König. In diesem Märchen ist, wenn man von Herrschaftsverhältnissen spricht, vieles in einer sonderbaren Weise ausgesprochen, was sich heute vorbereitet und immer weiter- und weitergehen wird. So muß man eben darauf hinweisen, daß dasjenige, was Goethe symbolisiert mit dem ehernen König, dem Impuls der Gewalt, sich über die Erde hin ausbreitet von der englisch sprechenden Bevölkerung aus. Das ist wegen des Zusammenfallens der Bewußtseinsseelenkultur mit der besonderen Anlage des Britentums und des Amerikanertums eine Notwendigkeit.

Sehen Sie, in den Mittelländern, die jetzt schon in das Chaos mit hineingerissen sind, da ist ein labiles Gleichgewicht zwischen dem Hinneigen des Intellekts zu der Bewußtseinsseele und dem sich Losreißenwollen, und daher überwiegt einmal das eine, dann das andere. Da ist eine ganz andere Tendenz. Die Mittelländer sind alle nicht zur

Politik veranlagt. Wenn sie politisch sein wollen, sind sie sehr dazu veranlagt, aus der Realität herauszufallen, die immer da ist, wenn das politische Denken in der anglo-amerikanischen Bevölkerung erdfest dasteht, verankert in der Seele. In den Mittelländern ist die zweite der Seelenkräfte herrschend: Schein, Erscheinung. Diese Mittelländer bringen auch die Intellektualität mit besonderem Glanz in Erscheinung. Vergleichen Sie damit irgend etwas, was von der englisch sprechenden Bevölkerung ausgeht in bezug auf Gedanken: diese Gedanken sind fest zusammenhängend mit der erdfesten Realität. Nehmen Sie die glänzenden Leistungen gerade des deutschen Geistes, so finden Sie, es ist mehr eine ästhetische Gestaltung der Gedanken, wenn diese ästhetische Gestaltung auch die logische Form annimmt. Da ist besonders hervorragend, wie man einen Gedanken zum andern hinüberleitet, weil dann das, was besondere Veranlagungen hat, in Dialektik, in ästhetischer Durcharbeitung der Gedanken erscheint. Will man das auf die erdfeste Realität anwenden, will man gar Politiker damit werden, so kann man leicht unwahr werden, kann man leicht auf diese Weise in den sogenannten träumerischen Idealismus hineinkommen, wo man Einheitsreiche begründen will, wo man schwärmt für Einheitsreiche durch Jahrzehnte, und nachher Gewaltreiche begründet, von dem einen ins andere verfällt. Es ist niemals irgendwo das politische Leben so in zwei Kontrasten zusammengestoßen wie die deutschen Einheitsträume von 1848 mit dem, was dann begründet wurde 1871. Da sehen Sie das Schwanken, das Hin- und Herpendeln dessen, was eigentlich nach der ästhetischen Gestaltung strebt, und was unwahr werden, Scheingebilde, Traumgebilde werden kann, wenn es sich auf den Boden der Politik stellen will. Denn da ist keine Anlage zur Politik; wenn politisiert wird, wird geträumt oder gelogen. – Das sind Dinge, die durchaus nicht mit Sympathie oder Antipathie gesagt werden dürfen, auch nicht gesagt werden dürfen, um anzuklagen oder freizusprechen, sondern die gerade gesagt werden, weil sie entsprechen auf der einen Seite der Notwendigkeit, auf der andern Seite der Tragik. Das sind Dinge, die man eben ins Auge fassen muß.

Und dann blicken Sie nach dem Osten, auf das, was sich da vorbereitet. Da geht die Sache so weit, daß man, wenn man etwas radikal spricht, sagen kann: Nun, der Deutsche, wenn er politisch werden will, so verfällt er ins Träumen, in den Idealismus; wenn es gut wird, in den schönen Idealismus, wenn es schlimm wird, in die Unwahrhaftigkeit. Der Russe, wenn er politisch werden will, wird überhaupt krank, oder stirbt daran, am Politischwerden. Er ist so gar nicht veranlagt dafür, daß er daran krank wird, daß er daran stirbt. Das ist nur etwas deutlich, radikal ausgesprochen, aber die Erscheinung ist diese. Es ist gar nichts in der russischen Volksseele, was innerlich verwandt ist mit dem Gründlichen dieses Politischen der englischen oder amerikanischen Volksseele. Dafür ist eben dieser Osten veranlagt, hinüberzutragen den Intellekt, den er loslöst von dem selbstverständlichen Verknüpftsein mit den Erlebnissen, in das künftige Zeitalter des Geistselbstes.

So muß man kennen, wie die Anlagen der Menschen über die Erde hin differenziert sind. Und das drückt sich aus bis in die bedeutsamsten Erlebnisse hinein. Sie alle kennen aus den verschiedensten Besprechungen, die gepflogen worden sind, dasjenige, was man nennt im höheren übersinnlichen Erleben die Begegnung mit dem Hüter der Schwelle. Auch die Begegnung mit dem Hüter der Schwelle hat Differenzierungen. Natürlich, wenn die Einweihung, die Initiation völlig unabhängig erfolgt von jedem Volkstum, da ist die Begegnung mit dem Hüter der Schwelle auch allseitig. Wird aber von einseitigen Menschen oder Gesellschaften eine Einweihung besorgt, und geschieht sie volkstümlich, so differenziert sich auch das Erlebnis mit dem Hüter. Es ist der Mensch, welcher der englisch sprechenden Bevölkerung angehört, wenn er nicht von höheren Geistern, die ja führend sind, sondern vom Volksgeist initiiert wird, vorzugsweise dafür veranlagt, zur Schwelle diejenigen geistigen Wesenheiten mit hinzubringen, die uns als ahrimanische Geister fortwährend in der Welt hier umgeben, die uns begleiten, wenn wir zur Schwelle nach der übersinnlichen Welt hingehen, und die wir dann mitnehmen können, wenn sie gewissermaßen eine Neigung für uns entwickeln. Sie führen uns vor allen Dingen zum Anblick der Mächte von Krankheit und Tod. So daß Sie von den weitaus meisten in anglo-amerikanischen

56

Ländern in die übersinnlichen Geheimnisse Eingeweihten, die an die Schwelle getreten sind, hören werden, daß sie als dem wichtigsten Erlebnisse einer Erkenntnis der übersinnlichen Welt zuerst begegnet sind denjenigen Mächten, die Krankheit und Tod aussprechen. Sie lernen das als etwas außer ihnen Stehendes kennen.

Gehen Sie in die Mittelländer, und wirkt da der Volksgeist mit bei der Initiation, hebt man den zu Initiierenden nicht heraus aus dem Volkstum zum Allmenschlichen, sondern wirkt der Volksgeist mit, so ist da das erste, das bedeutendste Ereignis, daß man aufmerksam wird auf jene Kämpfe, welche stattfinden zwischen gewissen Wesenheiten, die nur der geistigen Welt angehören, die jenseits des Stromes stehen, und gewissen Wesenheiten, die hier in der physischen Welt stehen, diesseits des Stromes, aber unsichtbar für das gewöhnliche Bewußtsein. Da findet ein fortwährender Kampf statt. Auf diesen Kampf wird man in den Mittelländern zunächst aufmerksam. Dieser Kampf, auf den man da aufmerksam wird, pulsiert an der Schwelle dadurch herauf, daß man in den Mittelländern, wenn man ein ernster Wahrheitssucher ist, namentlich durchtränkt ist von den Mächten des Zweifels. Man wird bekannt mit all dem, was die Mächte des Zweifels sind, was die Mächte der Vielseitigkeit sind. Man ist in westlichen Gebieten viel mehr geneigt, sich mit einer geraden Wahrheit zufriedenzugeben; in den Mittelländern fällt einem sogleich die andere Seite der Sache ein. Man schwebt eben da auch in bezug auf das Wahrheitssuchen im Labilen: Jedes Ding hat zwei Seiten. Man ist ein Philister, wenn man in den Mittelländern überhaupt einer geraden, einseitigen Behauptung sich hingibt. Das muß man aber auch tragisch erleiden, wenn man an die Schwelle kommt. Man muß da aufmerksam darauf werden, wie dieser Kampf, der an der Schwelle stattfindet zwischen den Geistern, die nur dem Geistleben, und denen, die nur der sinnlichen Welt angehören, alles das bedingt, was im Innern des Menschen den Zweifel hervorruft, das Schwanken in bezug auf die Wahrheit, die Notwendigkeit, sich zu der Wahrheit erst erziehen zu lassen, nichts auf die anerkannten Impulse der Wahrheit zu geben.

Gehen Sie nach den Ostländern und fragen, und es steht da der Volksgeist Pate bei dem zu Initiierenden, wenn da der Mensch also an die Schwelle geführt wird unter Patenschaft des Volksgeistes, dann sieht derjenige, der diesen östlichen Völkerschaften angehört, vor allen Dingen alle die Geister, welche auf die menschliche Selbstsucht wirken. All das sieht er, was Veranlassung geben kann zur menschlichen Selbstsucht. Das sieht zum Beispiel der Westländer, der an die Schwelle tritt, nicht als erstes. Er sieht die Geister, welche als Krankheit und Tod im weitesten Sinne, als lähmende, als zerstörende, nach abwärts führende Kräfte in die Welt und Menschheit eindringen. Derjenige, der im Osten initiiert wird, sieht zuerst an der Schwelle all das, was an den Menschen herantritt, um ihn zur Selbstsucht zu verleiten.

Daher ist das Ideal, welches vor allen Dingen im Westen aus der Initiation hervorgeht: Gesund zu machen, die Menschen gesund zu erhalten, zu bewirken, daß für alle Menschen äußere gesundheitliche Entwickelungsmöglichkeit da sei. Im Osten geht vor allen Dingen, selbst aus dem instinktiven Bekanntsein, dem nur religiösen Bekanntsein mit dem Initiationstum, der Drang hervor, sich klein zu fühlen dem Erhabenen der geistigen Welt gegenüber. Denn es sind die Mächte, die einem zuerst aus der geistigen Welt entgegenkommen. Auf das Erhabene wird der Mensch des Ostens der geistigen Welt gegenüber zunächst hingewiesen, darauf, die Selbstsucht zu kurieren, auszutreiben die Selbstsucht, weil er auf ihre Gefahren verwiesen wird. Selbst im äußeren Volkscharakter drückt sich das im Osten aus. Und manches, was dem Westländer unsympathisch ist an dem östlichen Volkscharakter, das rührt davon her, was sich gerade an der Schwelle zeigt.

So differenzieren sich gerade dann die menschlichen Eigenschaften, wenn wir auf die innere Entwickelung, auf die innere Gestaltung des Geistig-Seelischen am Menschen sehen. Das ist wichtig, daß man von diesen Dingen den Blick nicht abwendet. Sie konnten in gewissen okkulten Kreisen der englisch sprechenden Bevölkerung, dort, wo man mit diesen Dingen bekannt ist – wenn auch gerade unter Patenschaft des Volksgeistes –, in der ganzen zweiten Hälfte des neunzehnten Jahrhunderts prophetisch hingewiesen finden auf Dinge, die sich heute vollziehen. Denken Sie, was es geheißen hätte, wenn die Menschen des übrigen Europa, außer der englisch sprechenden Bevölkerung, sich nicht beide Ohren zugestopft und beide Augen verbunden hätten vor dem Aufmerksammachen auf diese Dinge! Ich will Ihnen eine Formel sagen, die immer wiederum in der zweiten Hälfte des neunzehnten Jahrhunderts da ausgesprochen worden ist, es ist diese: In Rußland muß, damit das russische Volk sich entwickeln kann, der russische Staat verschwinden, denn in Rußland müssen sozialistische Experimente vollführt werden, die niemals in westlichen Ländern vollführt werden können. – Dies ist eine für den Nichtengländer vielleicht unsympathische, aber große, durchgreifende Weisheit, Gescheitheit im höchsten Maße. Und derjenige, der diese Dinge so in sich hat, daß er daran glauben kann als den Impulsen, an deren Verwirklichung er sich beteiligt, der steht eben in seinem Zeitalter wirklich drinnen, während der andere sich heraussetzt.

Diese Dinge müssen ins Auge gefaßt werden. Es war natürlich das berechtigte Los von Mittel und Osteuropa, sich beide Ohren zu verstopfen und beide Augen blind zu machen vor den okkulten Tatsachen, nicht hinzuhören auf sie, abstrakte Mystik zu treiben, abstrakten Intellektualismus zu treiben, abstrakte Dialektik zu treiben. Aber jetzt beginnt das Zeitalter, wo es so nicht weiter geht! Es ist aus solchen Betrachtungen ja nicht Pessimismus zu holen, nicht Trostlosigkeit zu holen. Nein, Kraft, Mut, Sinn für Bekanntwerden mit dem, was nottut, das ist dasjenige, was wir daraus ersehen. Und in diesem Sinne sollen wir eingedenk sein, daß wir wahrhaftig nicht gegen die Aufgabe des Zeitalters, sondern mit den Aufgaben des Zeitalters uns innerhalb dieser anthroposophisch orientierten geisteswissenschaftlichen Bewegung zu betätigen haben. Seien wir uns klar darüber, was wir sonst verschlafen. Auch zur Ausbildung der sozialen Triebe führt uns wachend und bewußt jene Geisteswissenschaft, die dem Bewußtsein zeigt, was sich sonst dem Bewußtsein verbirgt, die uns zeigt, welche Kräfte der Mensch entwickelt, wenn er frei vom Leibe ist, wie er es von dem Einschlafen bis zum Aufwachen ist. Seien wir uns klar: Wir pflegen die dem Zeitalter notwendigsten Kräfte, wenn wir wachend denken über dasjenige, was unsere Seele doch nur kraftvoll durchdringen kann, wenn wir wachend darüber denken. Sonst werden wir machtlos, wenn wir es nur schlafend entwickeln müssen.

Zwei Mächte wirken in der Gegenwart. Die eine ist die Macht, die in den verschiedenen Metamorphosen des Christus-Impulses seit dem Mysterium von Golgatha durch alle folgenden Zeiten der Erdenentwickelung hindurchgeht. Wir haben öfter davon gesprochen, daß gerade in unseren Jahrhunderten eine Art Wiedererscheinung, nun des ätherischen Christus, stattfinden soll. Gar nicht weit hin ist es zu dieser Wiedererscheinung Christi. Daß er erscheint, ist wiederum etwas, was wahrhaftig nicht Veranlassung zu irgendeinem Pessimismus geben kann, was aber auch nicht Veranlassung geben soll zu einer Sehnsucht, nebulos nur dahinzuleben und sich nur nach sozusagen egoistisch-seelenwärmenden theosophischen Theorien zu erkundigen. Dieser Christus-Impuls in seinen verschiedensten Gestaltungen, er wird auch in der Gestalt, die er jetzt hat, wo er der Menschheit dasjenige verkünden will, was sich aus der geistigen Welt heraus offenbaren will als spirituelle Weisheit für unser Zeitalter, helfen, daß sich das verwirklichen kann. Es wird sich verwirklichen wollen, und es wird der Christus-Impuls Hilfe sein für diese Verwirklichung. Diese Verwirklichung, sie wird dasjenige sein, worauf es ankommt. Und vor einer wichtigen Entscheidung steht die Menschheit in diesem kritischen Augenblicke. Auf der einen Seite steht der Christus-Impuls, der uns aufruft, aus freiem Seelenentschlusse heraus uns zu dem hinzuwenden, von dem heute gesprochen worden ist, bewußt aufzunehmen die sozialen Impulse, alles das, was der Menschheit heilsam ist und helfen kann, frei aus der Seele heraus aufzunehmen. Deshalb vereinigen wir uns nicht unter solchen Gesichtspunkten, um uns der Liebe, welcher Haß zugrunde liegt, wie in dem Ruf: «Proletarier aller Länder, vereinigt euch!», hinzugeben; sondern wir vereinigen uns, indem wir anstreben, den Christus-Impuls zu verwirklichen und dasjenige zu tun, was der Christus für unsere Zeit will.

Dem steht gegenüber der Widersacher, dasjenige, was die Bibel den widerrechtlichen Fürsten dieser Welt nennt. In den verschiedensten Gestalten macht er sich geltend. Eine dieser Gestalten ist diese: die Kräfte, die uns als Menschen zur Verfügung stehen, um aus freiem Entschluß heraus uns zu solchem zu wenden, wie das ist, von dem heute gesprochen worden ist, diese Kräfte, die in den freien Entschluß gestellt werden sollen, in den Dienst der Körperlichkeit zu stellen. Verschiedene Werkzeuge hat der Widersacher, der widerrechtliche Fürst dieser Welt. Er hat als solche zum Beispiel auch Hunger und soziales Chaos. Da wird durch physische Mittel, durch Zwang dann diejenige Kraft verwendet, die in den Dienst des freien Menschen gestellt werden sollte. Sehen Sie nur hin, wie heute die Menschheit Ihnen auf Schritt und Tritt zeigt: Sie will nicht aus freiem Entschlusse sich zum sozialen Leben und zu der Erkenntnis des wahren Menschenfortschrittes hinwenden, sie will sich zwingen lassen. Sehen Sie, wie dieser Zwang noch nicht einmal so weit geführt hat, daß die Menschen schon irgendwie unterscheiden zwischen dem Geiste der übersinnlichen Welt, zwischen dem Christus-Geiste und dem Widersacher-Geiste, dem widerrechtlichen Fürsten dieser Welt! Da sehen Sie dieses Verhältnis, und Sie können sich sagen, wie es einem ja erklärt, daß heute an vielen Orten die Menschen stehen und sich dagegen sträuben, irgend etwas von geistiger Verkündigung und geistigen Wahrheiten und geistiger Wissenschaft aufnehmen zu wollen: sie sind eben besessen von dem widerrechtlichen Fürsten dieser Welt.

Betrachten Sie sich, indem Sie aus innerstem freien Entschlusse sich dem geistigen Leben zuwenden, einmal im bescheidensten, aber auch im ernstesten und kraftvollsten Sinne als die Missionare für den Christus-Geist in unserer Zeit, als diejenigen, die zu bekämpfen haben den widerrechtlichen Fürsten dieser Welt, der besessen macht alle jene, die nicht aus dem Bewußtsein heraus, sondern aus anderen Kräften heraus sich zwingen lassen wollen, irgend etwas zu verwirklichen, was die Menschheit der Zukunft entgegenführt. Solche Gesinnung führt Sie dann nicht zum Pessimismus, solche Gesinnung läßt Ihnen keine Zeit, die Welt bloß pessimistisch zu betrachten. Sie wird Ihnen nicht die Augen und Ohren davor verschließen, das zum Teil Starke, auch furchtbar Tragische, was geschehen ist, in seiner wahren Gestalt zu sehen. Aber sie wird Ihnen vor allen Dingen das so vor das Seelenauge führen, daß Sie sich sagen: Ich bin jedenfalls dazu berufen, alles ohne Illusionen zu sehen; aber ich habe nicht Pessimismus oder Optimismus zu haben, sondern alles daran zu setzen, damit in meiner eigenen Seele die Kraft erwache, mitzuarbeiten an der freien Entwickelung der Menschen, an dem Fortschritt, auf jenem Platz, an dem ich eben stehe. – Und nicht zum Pessimismus oder Optimismus soll angeregt werden, auch wenn man von geisteswissenschaftlichem Standpunkte aus ohnedies scharf auf Schäden oder Trägheit der Zeit hinweist, sondern es soll dazu angeregt werden, daß der Mensch auf sich stehe, gerade in sich erwache, um zu arbeiten und die richtigen Gedanken zu pflegen. Denn Einsicht ist vor allen Dingen notwendig. Hätten nur genügend Menschen heute den Trieb, sich zu sagen: Wir müssen vor allen Dingen in solche Dinge Einsicht haben, das andere wird kommen! – Und wenn man gerade Einsicht in soziale Dinge haben will, so kommt es darauf an, daß wir für das wache Leben vor allen Dingen den Willen haben, uns Erkenntnisse anzueignen. Die Anspornung des Willens – dafür ist ja gesorgt –, die kommt schon, denn die entwickelt sich. Wenn wir im wachen Leben uns nur ausbilden wollen, uns Vorstellungen machen wollen für das soziale Leben, dann werden wir nach und nach dazu kommen, und zwar nach einem okkulten Gesetze so, daß jeder, der für sich selbst diese Erkenntnisse sucht, sogar immer noch einen anderen mitnehmen kann. Es kann jeder, dem Willen nach, für zwei sorgen. Wir können viel bewirken, wenn wir nur den ernstlichen Willen haben, uns zunächst Einsicht zu verschaffen. Das Fernere würde dann schon kommen. Schlimm ist nicht so sehr, daß heute noch viele Menschen nichts tun können; unendlich schlimm ist es aber, wenn die Menschen sich nicht entschließen können, die sozialen Gesetze geisteswissenschaftlich wenigstens kennenzulernen, sie zu studieren. Das andere wird kommen, wenn sie studiert werden.

Das ist dasjenige, was ich Ihnen mit Bezug auf wichtiges, für die Gegenwart wichtiges Wissen und Erkennen heute mitteilen wollte, und auch mit Bezug auf die Art, wie dieses Erkennen Lebensimpuls werden soll. Hoffentlich können wir in dieser oder jener nicht zu fern liegenden Zeit wiederum einmal über intimere Dinge unserer Geisteswissenschaft sprechen. Hoffentlich auf Wiedersehen!

HINWEISE

Der in Bern am 12. Dezember 1918 gehaltene Vortrag wurde unter dem Titel «Soziale und antisoziale Triebe im Menschen» als Separatdruck erstmals im Jahre 1942 publiziert. In der dritten Auflage, 1988, ist hinzugekommen der in Dornach innerhalb eines Zyklus von elf Vorträgen (siehe den Band «Die soziale Grundforderung unserer Zeit. In geänderter Zeitlage», GA 186) am 6. Dezember 1918 gehaltene Vortrag, in dem das gleiche Thema behandelt wird. Dadurch, daß dieser Vortrag Bestandteil eines größeren Darstellungs- und damit auch Sinnzusammenhanges ist, kommen auch weitere Aspekte hinzu, werden neue Sichtweisen erschlossen, die für ein umfassenderes Verstehen dessen, was Rudolf Steiner in Bern ausgeführt hat, in hohem Maße aufschlußreich sind.

Werke Rudolf Steiners, welche innerhalb der Gesamtausgabe (GA) erschienen sind, werden in den Hinweisen mit der Bibliographie-Nummer angegeben. Siehe auch die Übersicht am Schluß der Ausgabe.

Zu Seite:

9   *Letzthin habe ich ausdrücklich betont:* Siehe den Vortrag vom 1. Dezember 1918 in «Die soziale Grundforderung unserer Zeit. In geänderter Zeitlage», GA Bibl.-Nr. 186, S. 57.

21   *Kurt Eisner,* 1867–1919, Sozialist, Schriftsteller; seit 8. November 1918 bayrischer Ministerpräsident, wurde am 21. Februar 1919 ermordet.

25   *das Beispiel ... von den gleichlautenden Sätzen bei Woodrow Wilson und Herman Grimm:* Ausführlicher sprach Rudolf Steiner hierüber am 14. März 1918 in Berlin, in «Das Ewige in der Menschenseele. Unsterblichkeit und Freiheit» (10 öffentliche Vorträge Berlin 1918), GA Bibl.-Nr. 67.

     im Dezemberheft der «Stimmen der Zeit»: Von O. Zimmermann SJ: «Anthroposophische Irrlehren», «Mensch und Christ nach anthroposophischer Vorstellung», und «Der anthroposophische Mystizismus», in: «Stimmen der Zeit», Katholische Monatsschrift für das Geistesleben der Gegenwart, Freiburg, 48. Jahrg. 1918, Hefte 10, 11 und 12.

27   *in Basel im öffentlichen Vortrage:* Am 8. November 1918 «Sittliches, soziales und religiöses Leben im Lichte einer übersinnlichen Welterkenntnis» (nicht gedruckt).

28   *Robert Michels,* 1876–1936, Nationalökonom, Soziologe; lehrte in Basel.

34   Zeile 3 v. u.: Das Stenogramm ist an dieser Stelle lückenhaft und unleserlich; *«alltäglichsten Gedanken»* ist Ergänzung des Herausgebers.

40   *Deshalb sagte ich gestern im öffentlichen Vortrag:* Am 11. Dezember in Bern: «Sittliches, soziales und religiöses Leben vom Gesichtspunkt der Anthroposophie», gedruckt in der Wochenschrift «Das Goetheanum» 1942, 21. Jg., Nr. 38–43; vorgesehen für GA Bibl.-Nr. 72.

44 *dem schwierigeren Nationalökonomischen von Kapital und Rente und Kredit:* Vom
24. Juli bis 6. August 1922 hielt Rudolf Steiner für Studenten der Nationalökonomie
in Dornach einen Kurs und ein Seminar über die Aufgaben einer neuen Wirtschafts-
wissenschaft. «Nationalökonomischer Kurs», GA Bibl.-Nr. 340; «Nationalökonomi-
sches Seminar», GA Bibl.-Nr. 341.

49 *Karl Marx,* 1818–1883.

51 *«Die Philosophie der Freiheit»* (1894), GA Bibl.-Nr. 4.

53 *in meinem Vortragszyklus über die europäischen Völkerseelen:* «Die Mission einzelner
Volksseelen im Zusammenhange mit der germanisch-nordischen Mythologie» (11
Vorträge Kristiania [Oslo] 1910), GA Bibl.-Nr. 121.

54 *Goethe hat in seinem «Märchen…»:* Siehe auch Rudolf Steiner, «Goethes Geistesart in
ihrer Offenbarung durch seinen Faust und durch das Märchen von der Schlange und
der Lilie» (1918), GA Bibl.-Nr. 22.

56 *Begegnung mit dem Hüter der Schwelle:* Siehe u. v. a. Rudolf Steiner, «Theosophie.
Einführung in übersinnliche Welterkenntnis und Menschenbestimmung» (1904),
GA Bibl.-Nr. 9; «Wie erlangt man Erkenntnisse der höheren Welten?» (1904/05),
GA Bibl.-Nr. 10; «Vier Mysteriendramen» (1910–13), GA Bibl.-Nr. 14.

58 *Sie konnten in gewissen okkulten Kreisen der englisch sprechenden Bevölkerung…pro-
phetisch hingewiesen finden:* Zum Beispiel bei C. G. Harrison «Das Transzendentale
Weltall». Sechs Vorträge über Geheimwissenschaften, Theosophie und die Katholi-
sche Kirche, erschienen 1894, deutsche Übersetzung: Theosoph. Verlagshaus Leip-
zig o. J.

61 Zeilen 16/17 v. o.: *geistigen Wahrheiten:* Korrektur nach Stenogramm; früher: geistigen Wohltaten.

ÜBER DIE VORTRAGSNACHSCHRIFTEN

Aus Rudolf Steiners Autobiographie
«Mein Lebensgang» (35. Kap., 1925)

Es liegen nun aus meinem anthroposophischen Wirken zwei Ergebnisse vor; erstens meine vor aller Welt veröffentlichten Bücher, zweitens eine große Reihe von Kursen, die zunächst als Privatdruck gedacht und verkäuflich nur an Mitglieder der Theosophischen (später Anthroposophischen) Gesellschaft sein sollten. Es waren dies Nachschriften, die bei den Vorträgen mehr oder weniger gut gemacht worden sind und die – wegen mangelnder Zeit – nicht von mir korrigiert werden konnten. Mir wäre es am liebsten gewesen, wenn mündlich gesprochenes Wort mündlich gesprochenes Wort geblieben wäre. Aber die Mitglieder wollten den Privatdruck der Kurse. Und so kam er zustande. Hätte ich Zeit gehabt, die Dinge zu korrigieren, so hätte vom Anfange an die Einschränkung «Nur für Mitglieder» nicht zu bestehen gebraucht. Jetzt ist sie seit mehr als einem Jahre ja fallen gelassen.

Hier in meinem «Lebensgang» ist notwendig, vor allem zu sagen, wie sich die beiden: meine veröffentlichten Bücher und diese Privatdrucke in das einfügen, was ich als Anthroposophie ausarbeitete.

Wer mein eigenes inneres Ringen und Arbeiten für das Hinstellen der Anthroposophie vor das Bewußtsein der gegenwärtigen Zeit verfolgen will, der muß das anhand der allgemein veröffentlichten Schriften tun. In ihnen setzte ich mich auch mit alle dem auseinander, was an Erkenntnisstreben in der Zeit vorhanden ist. Da ist gegeben, was sich mir in «geistigem Schauen» immer mehr gestaltete, was zum Gebäude der Anthroposophie – allerdings in vieler Hinsicht in unvollkommener Art – wurde.

Neben diese Forderung, die «Anthroposophie» aufzubauen und dabei nur dem zu dienen, was sich ergab, wenn man Mitteilungen aus der Geist-Welt der allgemeinen Bildungswelt von heute zu übergeben hat, trat nun aber die andere, auch dem voll entgegenzukommen, was aus der Mitgliedschaft heraus als Seelenbedürfnis, als Geistessehnsucht sich offenbarte.

Da war vor allem eine starke Neigung vorhanden, die Evangelien und den Schrift-Inhalt der Bibel überhaupt in dem Lichte dargestellt zu hören, das sich als das anthroposophische ergeben hatte. Man wollte in Kursen über diese der Menschheit gegebenen Offenbarungen hören.

Indem interne Vortragskurse im Sinne dieser Forderung gehalten wurden, kam dazu noch ein anderes. Bei diesen Vorträgen waren nur Mitglieder. Sie waren mit den Anfangs-Mitteilungen aus Anthroposophie bekannt. Man konnte zu ihnen eben so sprechen, wie zu Vorgeschrittenen auf dem

Gebiete der Anthroposophie. Die Haltung dieser internen Vorträge war eine solche, wie sie eben in Schriften nicht sein konnte, die ganz für die Öffentlichkeit bestimmt waren.

Ich durfte in internen Kreisen in einer Art über Dinge sprechen, die ich für die öffentliche Darstellung, wenn sie für sie von Anfang an bestimmt gewesen wären, hätte anders gestalten *müssen.*

So liegt in der Zweiheit, den öffentlichen und den privaten Schriften, in der Tat etwas vor, das aus zwei verschiedenen Untergründen stammt. Die ganz öffentlichen Schriften sind das Ergebnis dessen, was in mir rang und arbeitete; in den Privatdrucken ringt und arbeitet die Gesellschaft mit. Ich höre auf die Schwingungen im Seelenleben der Mitgliedschaft, und in meinem lebendigen Drinnenleben in dem, was ich da höre, entsteht die Haltung der Vorträge.

Es ist nirgends auch nur in geringstem Maße etwas gesagt, was nicht reinstes Ergebnis der sich aufbauenden Anthroposophie wäre. Von irgend einer Konzession an Vorurteile oder Vorempfindungen der Mitgliedschaft kann nicht die Rede sein. Wer diese Privatdrucke liest, kann sie im vollsten Sinne eben als das nehmen, was Anthroposophie zu sagen hat. Deshalb konnte ja auch ohne Bedenken, als die Anklagen nach dieser Richtung zu drängend wurden, von der Einrichtung abgegangen werden, diese Drucke nur im Kreise der Mitgliedschaft zu verbreiten. Es wird eben nur hingenommen werden müssen, daß in den von mir nicht nachgesehenen Vorlagen sich Fehlerhaftes findet.

Ein Urteil über den Inhalt eines solchen Privatdruckes wird ja allerdings nur demjenigen zugestanden werden können, der kennt, was als Urteils-Voraussetzung angenommen wird. Und das ist für die allermeisten dieser Drucke *mindestens* die anthroposophische Erkenntnis des Menschen, des Kosmos, insofern sein Wesen in der Anthroposophie dargestellt wird, und dessen, was als «anthroposophische Geschichte» in den Mitteilungen aus der Geist-Welt sich findet.

RUDOLF STEINER GESAMTAUSGABE

Gliederung nach: Rudolf Steiner – Das literarische
und künstlerische Werk. Eine bibliographische Übersicht
(Bibliographie-Nrn. *kursiv* in Klammern)

A. SCHRIFTEN

I. Werke

Goethes Naturwissenschaftliche Schriften, eingeleitet und kommentiert von R. Steiner,
   5 Bände, 1884–97, Neuausgabe 1975 *(1a-e);* separate Ausgabe der Einleitungen, 1925 *(1)*
Grundlinien einer Erkenntnistheorie der Goetheschen Weltanschauung, 1886 *(2)*
Wahrheit und Wissenschaft. Vorspiel einer «Philosophie der Freiheit», 1892 *(3)*
Die Philosophie der Freiheit. Grundzüge einer modernen Weltanschauung. 1894 *(4)*
Friedrich Nietzsche, ein Kämpfer gegen seine Zeit, 1895 *(5)*
Goethes Weltanschauung, 1897 *(6)*
Die Mystik im Aufgange des neuzeitlichen Geisteslebens und ihr Verhältnis zur moder-
   nen Weltanschauung, 1901 *(7)*
Das Christentum als mystische Tatsache und die Mysterien des Altertums, 1902 *(8)*
Theosophie. Einführung in übersinnliche Welterkenntnis und Menschenbestimmung,
   1904 *(9)*
Wie erlangt man Erkenntnisse der höheren Welten? 1904/05 *(10)*
Aus der Akasha-Chronik, 1904–08 *(11)*
Die Stufen der höheren Erkenntnis, 1905–08 *(12)*
Die Geheimwissenschaft im Umriß, 1910 *(13)*
Vier Mysteriendramen: Die Pforte der Einweihung – Die Prüfung der Seele – Der Hüter
   der Schwelle – Der Seelen Erwachen, 1910–13 *(14)*
Die geistige Führung des Menschen und der Menschheit, 1911 *(15)*
Anthroposophischer Seelenkalender, 1912 *(in 40)*
Ein Weg zur Selbsterkenntnis des Menschen, 1912 *(16)*
Die Schwelle der geistigen Welt, 1913 *(17)*
Die Rätsel der Philosophie in ihrer Geschichte als Umriß dargestellt, 1914 *(18)*
Vom Menschenrätsel, 1916 *(20)*
Von Seelenrätseln, 1917 *(21)*
Goethes Geistesart in ihrer Offenbarung durch seinen Faust und durch das Märchen
   von der Schlange und der Lilie, 1918 *(22)*
Die Kernpunkte der sozialen Frage in den Lebensnotwendigkeiten der Gegenwart und
   Zukunft, 1919 *(23)*
Aufsätze über die Dreigliederung des sozialen Organismus und zur
   Zeitlage, 1915–1921 *(24)*
Kosmologie, Religion und Philosophie, 1922 *(25)*
Anthroposophische Leitsätze, 1924/25 *(26)*
Grundlegendes für eine Erweiterung der Heilkunst nach geisteswissenschaftlichen Er-
   kenntnissen, 1925. Von Dr. R. Steiner und Dr. I. Wegman *(27)*
Mein Lebensgang, 1923–25 *(28)*

II. Gesammelte Aufsätze

Aufsätze zur Dramaturgie 1889–1901 *(29)* – Methodische Grundlagen der Anthroposophie 1884–1901 *(30)* – Aufsätze zur Kultur- und Zeitgeschichte 1887–1901 *(31)* – Aufsätze zur Literatur 1886–1902 *(32)* – Biographien und biographische Skizzen 1894–1905 *(33)* – Aufsätze aus «Lucifer-Gnosis» 1903–1908 *(34)* – Philosophie und Anthroposophie 1904–1918 *(35)* – Aufsätze aus «Das Goetheanum» 1921–1925 *(36)*

III. Veröffentlichungen aus dem Nachlaß

Briefe – Wahrspruchworte – Bühnenbearbeitungen – Entwürfe zu den Vier Mysteriendramen 1910–1913 – Anthroposophie. Ein Fragment aus dem Jahre 1910 – Gesammelte Skizzen und Fragmente – Aus Notizbüchern und -blättern – *(38–47)*

B. DAS VORTRAGSWERK

I. Öffentliche Vorträge

Die Berliner öffentlichen Vortragsreihen, 1903/04 bis 1917/18 *(51–67)* – Öffentliche Vorträge, Vortragsreihen und Hochschulkurse an anderen Orten Europas 1906–1924 *(68–84)*

II. Vorträge vor Mitgliedern der Anthroposophischen Gesellschaft

Vorträge und Vortragszyklen allgemein-anthroposophischen Inhalts – Christologie und Evangelien-Betrachtungen – Geisteswissenschaftliche Menschenkunde – Kosmische und menschliche Geschichte – Die geistigen Hintergründe der sozialen Frage – Der Mensch in seinem Zusammenhang mit dem Kosmos – Karma-Betrachtungen – *(91–244)*
Vorträge und Schriften zur Geschichte der anthroposophischen Bewegung und der Anthroposophischen Gesellschaft *(251–263)*

III. Vorträge und Kurse zu einzelnen Lebensgebieten

Vorträge über Kunst: Allgemein-Künstlerisches – Eurythmie – Sprachgestaltung und Dramatische Kunst – Musik – Bildende Künste – Kunstgeschichte – *(271–292)* – Vorträge über Erziehung *(293–311)* – Vorträge über Medizin *(312–319)* – Vorträge über Naturwissenschaft *(320–327)* – Vorträge über das soziale Leben und die Dreigliederung des sozialen Organismus *(328–341)* – Vorträge für die Arbeiter am Goetheanumbau *(347–354)*

C. DAS KÜNSTLERISCHE WERK

Originalgetreue Wiedergaben von malerischen und graphischen Entwürfen und Skizzen Rudolf Steiners in Kunstmappen oder als Einzelblätter: Entwürfe für die Malerei des Ersten Goetheanum – Schulungsskizzen für Maler – Programmbilder für Eurythmie-Aufführungen – Eurythmieformen – Entwürfe zu den Eurythmiefiguren, u. a.

Die Bände der Rudolf Steiner Gesamtausgabe
sind innerhalb einzelner Gruppen einheitlich ausgestattet
Jeder Band ist einzeln erhältlich